は　し　が　き

　平成 30 年 3 月に告示された高等学校学習指導要領が，令和 4 年度から年次進行で本格的に実施されます。

　今回の学習指導要領では，各教科等の目標及び内容が，育成を目指す資質・能力の三つの柱（「知識及び技能」，「思考力，判断力，表現力等」，「学びに向かう力，人間性等」）に沿って再整理され，各教科等でどのような資質・能力の育成を目指すのかが明確化されました。これにより，教師が「子供たちにどのような力が身に付いたか」という学習の成果を的確に捉え，主体的・対話的で深い学びの視点からの授業改善を図る，いわゆる「指導と評価の一体化」が実現されやすくなることが期待されます。

　また，子供たちや学校，地域の実態を適切に把握した上で教育課程を編成し，学校全体で教育活動の質の向上を図る「カリキュラム・マネジメント」についても明文化されました。カリキュラム・マネジメントの一側面として，「教育課程の実施状況を評価してその改善を図っていくこと」がありますが，このためには，教育課程を編成・実施し，学習評価を行い，学習評価を基に教育課程の改善・充実を図るという P D C A サイクルを確立することが重要です。このことも，まさに「指導と評価の一体化」のための取組と言えます。

　このように，「指導と評価の一体化」の必要性は，今回の学習指導要領において，より一層明確なものとなりました。そこで，国立教育政策研究所教育課程研究センターでは，「幼稚園，小学校，中学校，高等学校及び特別支援学校の学習指導要領等の改善及び必要な方策等について（答申）」（平成 28 年 12 月 21 日中央教育審議会）をはじめ，「児童生徒の学習評価の在り方について（報告）」（平成 31 年 1 月 21 日中央教育審議会初等中等教育分科会教育課程部会）や「小学校，中学校，高等学校及び特別支援学校等における児童生徒の学習評価及び指導要録の改善等について」（平成 31 年 3 月 29 日付初等中等教育局長通知）を踏まえ，令和 2 年 3 月に公表した小・中学校版に続き，高等学校版の「『指導と評価の一体化』のための学習評価に関する参考資料」を作成しました。

　本資料では，学習評価の基本的な考え方や，各教科等における評価規準の作成及び評価の実施等について解説しているほか，各教科等別に単元や題材に基づく学習評価について事例を紹介しています。各学校においては，本資料や各教育委員会等が示す学習評価に関する資料などを参考としながら，学習評価を含むカリキュラム・マネジメントを円滑に進めていただくことで，「指導と評価の一体化」を実現し，子供たちに未来の創り手となるために必要な資質・能力が育まれることを期待します。

　最後に，本資料の作成に御協力くださった方々に心から感謝の意を表します。

　令和 3 年 8 月

国立教育政策研究所

教育課程研究センター長

鈴　木　敏　之

学習評価とは？

学習評価：学校での教育活動に関し、生徒の学習状況を評価するもの

学習評価を通して
・教師が指導の改善を図る
・生徒が自らの学習を振り返って次の学習に向かうことができるようにする

⇒評価を教育課程の改善に役立てる

学習評価について指摘されている課題

学習評価の現状について、学校や教師の状況によっては、以下のような課題があることが指摘されている。

・学期末や学年末などの事後での評価に終始してしまうことが多く、評価の結果が児童生徒の具体的な学習改善につながっていない

・現行の「関心・意欲・態度」の観点について、挙手の回数や毎時間ノートをとっているかなど、性格や行動面の傾向が一時的に表出された場面を捉える評価であるような誤解が払拭されていない

・教師によって評価の方針が異なり、学習改善につなげにくい

・教師が評価のための「記録」に労力を割かれて、指導に注力できない

・相当な労力をかけて記述した指導要録が、次の学年や学校段階において十分に活用されていない

先生によって観点の重み付けが違うんです。授業態度をとても重視する先生もいるし、テストだけで判断するという先生もいます。そうすると、どう努力していけばよいのか本当に分かりにくいんです。

生徒の意見

（中央教育審議会初等中等教育分科会教育課程部会児童生徒の学習評価に関するワーキンググループ第7回における高等学校生徒の意見より）

カリキュラム・マネジメントの一環としての指導と評価
「主体的・対話的で深い学び」の視点からの授業改善と評価

Plan 指導計画等の作成

Do 指導計画を踏まえた教育の実施

Check 生徒の学習状況、指導計画等の評価

Action 授業や指導計画等の改善

学習評価の基本構造

各教科等の「目標」「内容」の記述を、「知識及び技能」「思考力、判断力、表現力等」「学びに向かう力、人間性等」の資質・能力の3つの柱で再整理。

例えば、国語科では

平成21年告示高等学校学習指導要領

国語
第1款　目標
国語を適切に表現し的確に理解する能力を育成し、伝え合う力を高めるとともに、思考力や想像力を伸ばし、心情を豊かにし、言語感覚を磨き、言語文化に対する関心を深め、国語を尊重してその向上を図る態度を育てる。

→

平成30年告示高等学校学習指導要領

国語
第1款　目標
言葉による見方・考え方を働かせ、言語活動を通して、国語で的確に理解し効果的に表現する資質・能力を次のとおり育成することを目指す。
(1)生涯にわたる社会生活に必要な国語について、その特質を理解し適切に使うことができるようにする。【知識及び技能】
(2)生涯にわたる社会生活における他者との関わりの中で伝え合う力を高め、思考力や想像力を伸ばす。【思考力、判断力、表現力等】
(3)言葉のもつ価値への認識を深めるとともに、言語感覚を磨き、我が国の言語文化の担い手としての自覚をもち、生涯にわたり国語を尊重してその能力の向上を図る態度を養う。【学びに向かう力、人間性等】

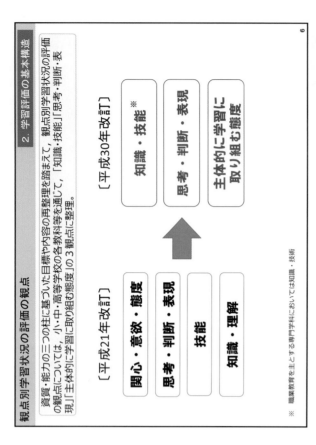

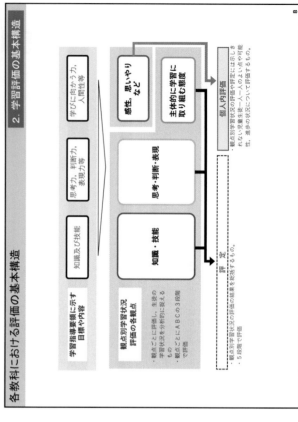

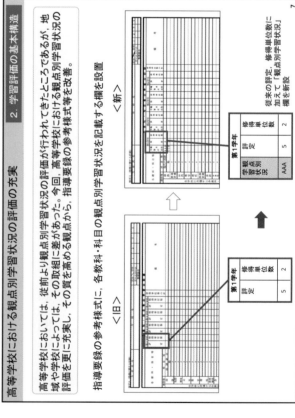

次のような工夫が考えられる

● 授業において
　それぞれの教科等の特質に応じ、観察・実験をしたり、式やグラフで表現したりするなど学習した知識や技能を用いる場面を設け評価

● ペーパーテストにおいて
　事実的な知識の習得を問う問題と知識の概念的な理解を問う問題とのバランスに配慮して出題し評価

次のような工夫が考えられる

● ペーパーテストにおいて、出題の仕方を工夫して評価

● 論述やレポートを課して評価

● 発表やグループでの話合いなどの場面で評価

● 作品の制作などにおいて多様な表現活動を設け、ポートフォリオを活用して評価

「主体的に学習に取り組む態度」の評価

学びに向かう力、人間性等

① 観点別学習状況の評価になじまない部分（感性、思いやり等）

⑦ 「主体的に学習に取り組む態度」として観点別学習状況の評価を通じて見取ることができる部分

個人内評価（生徒一人一人のよい点や可能性、進歩の状況等について評価するもの）等を通じて見取る。

※ 特に感性や思いやりなど生徒一人一人のよい点や可能性、進歩の状況などについては、積極的に評価し生徒に伝えることが重要。

知識及び技能を獲得したり、思考力、判断力、表現力等を身に付けたりすることに向けた粘り強い取組の中で、自らの学習を調整しようとしているかどうかを含めて評価する。

「学びに向かう力、人間性等」には、⑦主体的に学習に取り組む態度として観点別学習状況の評価を通じて見取ることができる部分と、①観点別学習状況の評価や評定にはなじまず、こうした評価を通じて見取ることができない部分があることに留意する必要がある。

「主体的に学習に取り組む態度」の評価

「主体的に学習に取り組む態度」の評価のイメージ

○主体的に学習に取り組む態度の評価については、①知識及び技能を獲得したり、思考力、判断力、表現力等を身に付けたりすることに向けた粘り強い取組を行おうとする側面と、②の粘り強い取組を行う中で自らの学習を調整しようとする二つの側面から評価することが求められる。

○これらの①②の姿は実際は教科等の学びの中で一体的に現れるものと考えられる。例えば、粘り強く取り組む中で自らの学習を調整しようとせずに粘り強く取り組み続ける姿や、粘り強さが全くない中で自らの学習を調整する姿は一般的ではない。

②自らの学習を調整しようとする側面

①粘り強い取組を行おうとする側面

「十分満足できる」状況(A)

「おおむね満足できる」状況(B)

「努力を要する」状況(C)

「主体的に学習に取り組む態度」については、①知識及び技能を獲得したり、思考力、判断力、表現力等を身に付けたりすることに向けた粘り強い取組の中で、②自らの学習を調整しようとするかどうかを含めて評価する。

●「自らの学習を調整しようとする側面」について
自らの学習状況を振り返って把握し、学習の進め方について試行錯誤する（微調整を繰り返す）などの意思的な側面

指導において次のような工夫も大切
■生徒が自らの理解状況を振り返ることができるような発問をエ夫したり指示したりする
■内容のまとまりの中で、話し合ったり他の生徒との協働を通じて自らの考えを相対化するような場面を設ける

◎ここでの評価は、生徒の学習の調整が「適切に行われているか」を必ずしも判断するものではない。
学習の調整が適切に行われていない場合には、教師の指導が求められる。

「内容のまとまり」ごとの評価規準を作成する → 単元（題材）の目標を作成する → 単元（題材）の評価規準を作成する

指導と評価の計画を立てる → 授業（指導と評価）を行う → 評価の総括を行う

総括に用いる評価の記録について、場面を精選する

※ 職業教育を主とする専門学科においては、学習指導要領の規定から、「（指導項目）ごとの評価規準」とする。

評価の方針等の生徒との共有
学習評価の妥当性や信頼性を高めるとともに、生徒自身に学習の見通しをもたせるため、学習評価の方針を事前に生徒と共有する場面を必要に応じて設ける。

観点別学習状況の評価を行う場面の精選
観点別学習状況の評価に係る記録は、毎回の授業ではなく、単元や題材などの内容のまとまりごとに行うことにより、評価場面を精選する。
※日々の授業における生徒の学習状況を適宜把握して指導の改善に生かすことに重点を置くことが重要。

外部試験や検定等の学習評価への利用
外部試験や検定等（高校生のための学びの基礎診断の認定を受けた測定ツールなど）の結果を、指導や評価の改善につなげることも重要。
※外部試験や検定等は、学習指導要領の目標に準拠したものでない場合や内容を網羅的に扱うものでない場合があることから、教師が行う学習評価の補完材料である（外部試験等の結果そのものをもって教師の評価に代えることは適切ではない）ことに十分留意が必要であること。

教師の勤務負担軽減を図りながら学習評価の妥当性や信頼性が高められるよう、学校全体としての組織的かつ計画的な取組を行うことが重要。

学校全体としての組織的かつ計画的な取組

※例えば以下の取組が考えられる。

・教師同士での評価規準や評価方法の検討、明確化
・実践事例の蓄積・共有
・評価結果の検討等を通じた教師の力量の向上
・校内組織（学年会や教科等部会等）の活用

目次

・ 高等学校数学科における「内容のまとまりごとの評価規準（例)」
・ 評価規準，評価方法等の工夫改善に関する調査研究について（令和２年４月 13 日，国立教育政策研究所長裁定）
・ 評価規準，評価方法等の工夫改善に関する調査研究協力者
・ 学習指導要領等関係資料について
・ 学習評価の在り方ハンドブック（高等学校編）

※本冊子については，改訂後の常用漢字表（平成 22 年 11 月 30 日内閣告示）に基づいて表記しています（学習指導要領及び初等中等教育局長通知等の引用部分を除く）。

〔巻頭資料（スライド）について〕

　巻頭資料（スライド）は，学習評価に関する基本事項を簡潔にまとめたものです。巻頭資料の記載に目を通し概略を把握することで，本編の内容を読み進める上での一助となることや，各自治体や各学校における研修等で使用する資料の参考となることを想定しています。記載内容は最小限の情報になっているので，詳細については，本編を御参照ください。

第1編

総説

第 1 編　総説

本編においては，以下の資料について，それぞれ略称を用いることとする。

答申：「幼稚園，小学校，中学校，高等学校及び特別支援学校の学習指導要領等の改善
　　　及び必要な方策等について（答申）」　平成 28 年 12 月 21 日　中央教育審議会
報告：「児童生徒の学習評価の在り方について（報告）」　平成 31 年 1 月 21 日　中央教
　　　育審議会　初等中等教育分科会　教育課程部会
改善等通知：「小学校，中学校，高等学校及び特別支援学校等における児童生徒の学習
　　　評価及び指導要録の改善等について（通知）」　平成 31 年 3 月 29 日　初等中等
　　　教育局長通知

第 1 章　平成 30 年の高等学校学習指導要領改訂を踏まえた学習評価の改善

1　はじめに

　　学習評価は，学校における教育活動に関し，生徒の学習状況を評価するものである。答申にもあるとおり，生徒の学習状況を的確に捉え，教師が指導の改善を図るとともに，生徒が自らの学びを振り返って次の学びに向かうことができるようにするためには，学習評価の在り方が極めて重要である。

　　各教科等の評価については，「観点別学習状況の評価」と「評定」が学習指導要領に定める目標に準拠した評価として実施するものとされている[1]。観点別学習状況の評価とは，学校における生徒の学習状況を，複数の観点から，それぞれの観点ごとに分析的に捉える評価のことである。生徒が各教科等での学習において，どの観点で望ましい学習状況が認められ，どの観点に課題が認められるかを明らかにすることにより，具体的な指導や学習の改善に生かすことを可能とするものである。各学校において目標に準拠した観点別学習状況の評価を行うに当たっては，観点ごとに評価規準を定める必要がある。評価規準とは，観点別学習状況の評価を的確に行うため，学習指導要領に示す目標の実現の状況を判断するよりどころを表現したものである。本参考資料は，観点別学習状況の評価を実施する際に必要となる評価規準等，学習評価を行うに当たって参考となる情報をまとめたものである。

　　以下，文部省指導資料から，評価規準について解説した部分を参考として引用する。

---

[1] 各教科の評価については，観点別学習状況の評価と，これらを総括的に捉える「評定」の両方について実施するものとされており，観点別学習状況の評価や評定には示しきれない生徒の一人一人のよい点や可能性，進歩の状況については，「個人内評価」として実施するものとされている（P.6〜11 に後述）。

> （参考）評価規準の設定（抄）
>
> （文部省「小学校教育課程一般指導資料」（平成 5 年 9 月）より）
>
> 新しい指導要録（平成 3 年改訂）では，観点別学習状況の評価が効果的に行われるようにするために，「各観点ごとに学年ごとの評価規準を設定するなどの工夫を行うこと」と示されています。
>
> これまでの指導要録においても，観点別学習状況の評価を適切に行うため，「観点の趣旨を学年別に具体化することなどについて工夫を加えることが望ましいこと」とされており，教育委員会や学校では目標の達成の度合いを判断するための基準や尺度などの設定について研究が行われてきました。
>
> しかし，それらは，ともすれば知識・理解の評価が中心になりがちであり，また「目標を十分達成（＋）」，「目標をおおむね達成（空欄）」及び「達成が不十分（－）」ごとに詳細にわたって設定され，結果としてそれを単に数量的に処理することに陥りがちであったとの指摘がありました。
>
> 今回の改訂においては，学習指導要領が目指す学力観に立った教育の実践に役立つようにすることを改訂方針の一つとして掲げ，各教科の目標に照らしてその実現の状況を評価する観点別学習状況を各教科の学習の評価の基本に据えることとしました。したがって，評価の観点についても，学習指導要領に示す目標との関連を密にして設けられています。
>
> このように，学習指導要領が目指す学力観に立つ教育と指導要録における評価とは一体のものであるとの考え方に立って，各教科の目標の実現の状況を「関心・意欲・態度」，「思考・判断・表現」，「技能・表現（または技能）」及び「知識・理解」の観点ごとに適切に評価するため，「評価規準を設定する」ことを明確に示しているものです。
>
> 「評価規準」という用語については，先に述べたように，新しい学力観に立って子供たちが自ら獲得し身に付けた資質や能力の質的な面，すなわち，学習指導要領の目標に基づく幅のある資質や能力の育成の実現状況の評価を目指すという意味から用いたものです。

2　平成 30 年の高等学校学習指導要領改訂を踏まえた学習評価の意義
（1）学習評価の充実

平成 30 年に改訂された高等学校学習指導要領総則においては，学習評価の充実について新たに項目が置かれている。具体的には，学習評価の目的等について以下のように示し，単元や題材など内容や時間のまとまりを見通しながら，生徒の主体的・対話的で深い学びの実現に向けた授業改善を行うと同時に，評価の場面や方法を工夫して，学習の過程や成果を評価することを示し，授業の改善と評価の改善を両輪として行っていくことの必要性が明示されている。

・生徒のよい点や進歩の状況などを積極的に評価し，学習したことの意義や価値を実感できるようにすること。また，各教科・科目等の目標の実現に向けた学習状況を把握する観点から，単元や題材など内容や時間のまとまりを見通しながら評価の場面や方法を工夫して，学習の過程や成果を評価し，指導の改善や学習意欲の向上を図り，資質・能力の育成に生かすようにすること。
・創意工夫の中で学習評価の妥当性や信頼性が高められるよう，組織的かつ計画的な取組を推進するとともに，学年や学校段階を越えて生徒の学習の成果が円滑に接続されるように工夫すること。

（高等学校学習指導要領 第1章 総則 第3款 教育課程の実施と学習評価 2 学習評価の充実）

報告では現状の学習評価の課題として，学校や教師の状況によっては，学期末や学年末などの事後での評価に終始してしまうことが多く，評価の結果が生徒の具体的な学習改善につながっていないなどの指摘があるとしている。このため，学習評価の充実に当たっては，いわゆる評価のための評価に終わることのないよう指導と評価の一体化を図り，学習の成果だけでなく，学習の過程を一層重視し，生徒が自分自身の目標や課題をもって学習を進めていけるように評価を行うことが大切である。

また，報告においては，教師によって学習評価の方針が異なり，生徒が学習改善につなげにくいといった現状の課題も指摘されている。平成29年度文部科学省委託調査「学習指導と学習評価に対する意識調査」（以下「平成29年度文科省意識調査」）では，学習評価への取組状況について，「Ａ：校内で評価方法や評価規準を共有したり，授業研究を行ったりして，学習評価の改善に，学校全体で取り組んでいる」「Ｂ：評価規準の改善，評価方法の研究などは，教員個人に任されている」の二つのうちどちらに近いか尋ねたところ，高等学校では「Ｂ」又は「どちらかと言うとＢ」が約55％を占めている。このような現状を踏まえ，特に高等学校においては，学習評価の妥当性や信頼性を高め，授業改善や組織運営の改善に向けた学校教育全体の取組に位置付ける観点から，組織的かつ計画的に取り組むようにすることが必要である。

（2）カリキュラム・マネジメントの一環としての指導と評価

各学校における教育活動の多くは，学習指導要領等に従い生徒や地域の実態を踏まえて編成された教育課程の下，指導計画に基づく授業（学習指導）として展開される。各学校では，生徒の学習状況を評価し，その結果を生徒の学習や教師による指導の改善や学校全体としての教育課程の改善等に生かし，学校全体として組織的かつ計画的に教育活動の質の向上を図っていくことが必要である。このように，「学習指導」と「学習評価」は学校の教育活動の根幹に当たり，教育課程に基づいて組織的かつ計画的に教育活動の質の向上を図る「カリキュラム・マネジメント」の中核的な役割を担っているのである。

（3）主体的・対話的で深い学びの視点からの授業改善と評価

　　指導と評価の一体化を図るためには，生徒一人一人の学習の成立を促すための評価という視点を一層重視し，教師が自らの指導のねらいに応じて授業での生徒の学びを振り返り，学習や指導の改善に生かしていくことが大切である。すなわち，平成30年に改訂された高等学校学習指導要領で重視している「主体的・対話的で深い学び」の視点からの授業改善を通して各教科等における資質・能力を確実に育成する上で，学習評価は重要な役割を担っている。

（4）学習評価の改善の基本的な方向性

　　（1）～（3）で述べたとおり，学習指導要領改訂の趣旨を実現するためには，学習評価の在り方が極めて重要であり，すなわち，学習評価を真に意味のあるものとし，指導と評価の一体化を実現することがますます求められている。

　　このため，報告では，以下のように学習評価の改善の基本的な方向性が示された。

① 児童生徒の学習改善につながるものにしていくこと

② 教師の指導改善につながるものにしていくこと

③ これまで慣行として行われてきたことでも，必要性・妥当性が認められないものは見直していくこと

3　平成30年の高等学校学習指導要領改訂を受けた評価の観点の整理

　　平成30年改訂学習指導要領においては，知・徳・体にわたる「生きる力」を生徒に育むために「何のために学ぶのか」という各教科等を学ぶ意義を共有しながら，授業の創意工夫や教科書等の教材の改善を促すため，全ての教科・科目等の目標及び内容を「知識及び技能」，「思考力，判断力，表現力等」，「学びに向かう力，人間性等」の育成を目指す資質・能力の三つの柱で再整理した（図1参照）。知・徳・体のバランスのとれた「生きる力」を育むことを目指すに当たっては，各教科・科目等の指導を通してどのような資質・能力の育成を目指すのかを明確にしながら教育活動の充実を図ること，その際には，生徒の発達の段階や特性を踏まえ，三つの柱に沿った資質・能力の育成がバランスよく実現できるよう留意する必要がある。

図1

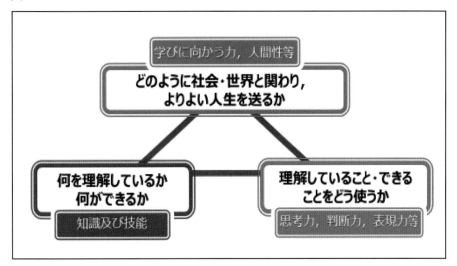

観点別学習状況の評価については，こうした教育目標や内容の再整理を踏まえて，小・中・高等学校の各教科を通じて，4観点から3観点に整理された（図2参照）。

図2

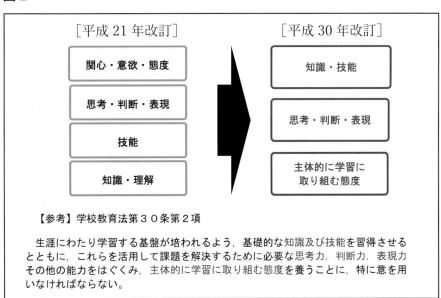

4　平成30年の高等学校学習指導要領改訂における各教科・科目の学習評価

各教科・科目の学習評価においては，平成30年改訂においても，学習状況を分析的に捉える「観点別学習状況の評価」と，これらを総括的に捉える「評定」の両方について，学習指導要領に定める目標に準拠した評価として実施するものとされた。

同時に，答申では「観点別学習状況の評価」について，高等学校では，知識量のみを問うペーパーテストの結果や，特定の活動の結果などのみに偏重した評価が行われているのではないかとの懸念も示されており，指導要録の様式の改善などを通じて評価の観点を明確にし，観点別学習状況の評価を更に普及させていく必要があるとされた。報告ではこの点について，以下のとおり示されている。

【高等学校における観点別学習状況の評価の扱いについて】

○　高等学校においては，従前より観点別学習状況の評価が行われてきたところであるが，地域や学校によっては，その取組に差があり，形骸化している場合があるとの指摘もある。「平成29年度文科省意識調査」では，高等学校が指導要録に観点別学習状況の評価を記録している割合は，13.3%にとどまる。そのため，高等学校における観点別学習状況の評価を更に充実し，その質を高める観点から，今後国が発出する学習評価及び指導要録の改善等に係る通知の「高等学校及び特別支援学校高等部の指導要録に記載する事項等」において，観点別学習状況の評価に係る説明を充実するとともに，指導要録の参考様式に記載欄を設けることとする。

　　これを踏まえ，改善等通知においては，高等学校生徒指導要録に新たに観点別学習状況の評価の記載欄を設けることとした上で，以下のように示されている。

【高等学校生徒指導要録】（学習指導要領に示す各教科・科目の取扱いは次のとおり）

［各教科・科目の学習の記録］

Ⅰ　観点別学習状況

　　学習指導要領に示す各教科・科目の目標に基づき，学校が生徒や地域の実態に即して定めた当該教科・科目の目標や内容に照らして，その実現状況を観点ごとに評価し記入する。その際，

　　　　「十分満足できる」状況と判断されるもの：A

　　　　「おおむね満足できる」状況と判断されるもの：B

　　　　「努力を要する」状況と判断されるもの：C

のように区別して評価を記入する。

Ⅱ　評定

　　各教科・科目の評定は，学習指導要領に示す各教科・科目の目標に基づき，学校が生徒や地域の実態に即して定めた当該教科・科目の目標や内容に照らし，その実現状況を総括的に評価して，

　　　　「十分満足できるもののうち，特に程度が高い」状況と判断されるもの：5

　　　　「十分満足できる」状況と判断されるもの：4

　　　　「おおむね満足できる」状況と判断されるもの：3

　　　　「努力を要する」状況と判断されるもの：2

　　　　「努力を要すると判断されるもののうち，特に程度が低い」状況と判断されるもの：1

のように区別して評価を記入する。

　　評定は各教科・科目の学習の状況を総括的に評価するものであり，「観点別学習状況」において掲げられた観点は，分析的な評価を行うものとして，各教科・科目の評定を行う場合において基本的な要素となるものであることに十分留意する。その際，評定の適切な決定方法等については，各学校において定める。

　「平成29年度文科省意識調査」では，「観点別学習状況の評価は実践の蓄積があり，定着してきている」に対する「そう思う」又は「まあそう思う」との回答の割合は，小学校・中学校では80％を超えるのに対し，高等学校では約45％にとどまっている。このような現状を踏まえ，今後高等学校においては，観点別学習状況の評価を更に充実し，その質を高めることが求められている。

　また，観点別学習状況の評価や評定には示しきれない生徒一人一人のよい点や可能性，進歩の状況については，「個人内評価」として実施するものとされている。改善等通知においては，「観点別学習状況の評価になじまず個人内評価の対象となるものについては，児童生徒が学習したことの意義や価値を実感できるよう，日々の教育活動等の中で児童生徒に伝えることが重要であること。特に『学びに向かう力，人間性等』のうち『感性や思いやり』など児童生徒一人一人のよい点や可能性，進歩の状況などを積極的に評価し児童生徒に伝えることが重要であること。」と示されている。

　「3　平成30年の高等学校学習指導要領改訂を受けた評価の観点の整理」も踏まえて各教科における評価の基本構造を図示化すると，以下のようになる（図3参照）。

図3

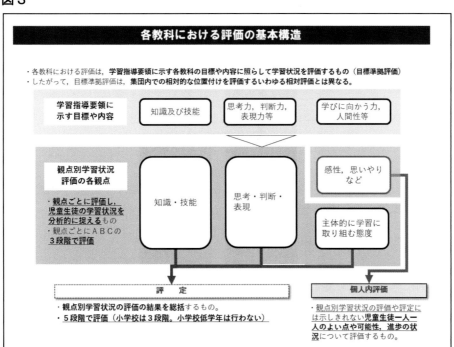

　上記の，「各教科における評価の基本構造」を踏まえた3観点の評価それぞれについての考え方は，以下の（1）〜（3）のとおりとなる。なお，この考え方は，総合的な探究の時間，特別活動においても同様に考えることができる。

（1）「知識・技能」の評価について

　　「知識・技能」の評価は，各教科等における学習の過程を通した知識及び技能の習得状況について評価を行うとともに，それらを既有の知識及び技能と関連付けたり活用したりする中で，他の学習や生活の場面でも活用できる程度に概念等を理解したり，技能を習得したりしているかについても評価するものである。

　　「知識・技能」におけるこのような考え方は，従前の「知識・理解」（各教科等において習得すべき知識や重要な概念等を理解しているかを評価），「技能」（各教科等において習得すべき技能を身に付けているかを評価）においても重視してきたものである。

　　具体的な評価の方法としては，ペーパーテストにおいて，事実的な知識の習得を問う問題と，知識の概念的な理解を問う問題とのバランスに配慮するなどの工夫改善を図るとともに，例えば，生徒が文章による説明をしたり，各教科等の内容の特質に応じて，観察・実験したり，式やグラフで表現したりするなど，実際に知識や技能を用いる場面を設けるなど，多様な方法を適切に取り入れていくことが考えられる。

（2）「思考・判断・表現」の評価について

　　「思考・判断・表現」の評価は，各教科等の知識及び技能を活用して課題を解決する等のために必要な思考力，判断力，表現力等を身に付けているかを評価するものである。

　　「思考・判断・表現」におけるこのような考え方は，従前の「思考・判断・表現」の観点においても重視してきたものである。「思考・判断・表現」を評価するためには，教師は「主体的・対話的で深い学び」の視点からの授業改善をする中で，生徒が思考・判断・表現する場面を効果的に設計するなどした上で，指導・評価することが求められる。

　　具体的な評価の方法としては，ペーパーテストのみならず，論述やレポートの作成，発表，グループでの話合い，作品の制作や表現等の多様な活動を取り入れたり，それらを集めたポートフォリオを活用したりするなど評価方法を工夫することが考えられる。

（3）「主体的に学習に取り組む態度」の評価について

　　答申において「学びに向かう力，人間性等」には，①「主体的に学習に取り組む態度」として観点別学習状況の評価を通じて見取ることができる部分と，②観点別学習状況の評価や評定にはなじまず，こうした評価では示しきれないことから個人内評価を通じて見取る部分があることに留意する必要があるとされている。すなわち，②については観点別学習状況の評価の対象外とする必要がある。

　　「主体的に学習に取り組む態度」の評価に際しては，単に継続的な行動や積極的な発言を行うなど，性格や行動面の傾向を評価するということではなく，各教科等の「主体的に学習に取り組む態度」に係る観点の趣旨に照らして，知識及び技能を習得したり，思考力，判断力，表現力等を身に付けたりするために，自らの学習状況を把握し，学習の進め方について試行錯誤するなど自らの学習を調整しながら，学ぼうとしているか

どうかという意思的な側面を評価することが重要である。

　従前の「関心・意欲・態度」の観点も，各教科等の学習内容に関心をもつことのみならず，よりよく学ぼうとする意欲をもって学習に取り組む態度を評価するという考え方に基づいたものであり，この点を「主体的に学習に取り組む態度」として改めて強調するものである。

　本観点に基づく評価は，「主体的に学習に取り組む態度」に係る各教科等の評価の観点の趣旨に照らして，

①　知識及び技能を獲得したり，思考力，判断力，表現力等を身に付けたりすることに向けた粘り強い取組を行おうとしている側面

②　①の粘り強い取組を行う中で，自らの学習を調整しようとする側面

という二つの側面を評価することが求められる[2]（図4参照）。

　ここでの評価は，生徒の学習の調整が「適切に行われているか」を必ずしも判断するものではなく，学習の調整が知識及び技能の習得などに結び付いていない場合には，教師が学習の進め方を適切に指導することが求められる。

　具体的な評価の方法としては，ノートやレポート等における記述，授業中の発言，教師による行動観察や生徒による自己評価や相互評価等の状況を，教師が評価を行う際に考慮する材料の一つとして用いることなどが考えられる。

図4

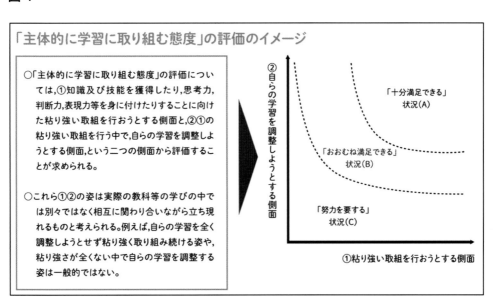

---

[2]　これら①②の姿は実際の教科等の学びの中では別々ではなく相互に関わり合いながら立ち現れるものと考えられることから，実際の評価の場面においては，双方の側面を一体的に見取ることも想定される。例えば，自らの学習を全く調整しようとせず粘り強く取り組み続ける姿や，粘り強さが全くない中で自らの学習を調整する姿は一般的ではない。

　なお，学習指導要領の「2　内容」に記載のない「主体的に学習に取り組む態度」の評価については，後述する第2章1（2）を参照のこと[3]。

5　改善等通知における総合的な探究の時間，特別活動の指導要録の記録

　改善等通知においては，各教科の学習の記録とともに，以下の（1），（2）の各教科等の指導要録における学習の記録について以下のように示されている。

（1）総合的な探究の時間について

　改善等通知別紙3には，「総合的な探究の時間の記録については，この時間に行った学習活動及び各学校が自ら定めた評価の観点を記入した上で，それらの観点のうち，生徒の学習状況に顕著な事項がある場合などにその特徴を記入する等，生徒にどのような力が身に付いたかを文章で端的に記述する」とされている。また，「評価の観点については，高等学校学習指導要領等に示す総合的な探究の時間の目標を踏まえ，各学校において具体的に定めた目標，内容に基づいて別紙5を参考に定める」とされている。

（2）特別活動について

　改善等通知別紙3には，「特別活動の記録については，各学校が自ら定めた特別活動全体に係る評価の観点を記入した上で，各活動・学校行事ごとに，評価の観点に照らして十分満足できる活動の状況にあると判断される場合に，○印を記入する」とされている。また，「評価の観点については，高等学校学習指導要領等に示す特別活動の目標を踏まえ，各学校において別紙5を参考に定める。その際，特別活動の特質や学校として重点化した内容を踏まえ，例えば『主体的に生活や人間関係をよりよくしようとする態度』などのように，より具体的に定めることも考えられる。記入に当たっては，特別活動の学習が学校やホームルームにおける集団活動や生活を対象に行われるという特質に留意する」とされている。

　なお，特別活動は学級担任以外の教師が指導する活動もあることから，評価体制を確立し，共通理解を図って，生徒のよさや可能性を多面的・総合的に評価するとともに，確実に資質・能力が育成されるよう指導の改善に生かすことが求められる。

---

[3] 各教科等によって，評価の対象に特性があることに留意する必要がある。例えば，保健体育科の体育に関する科目においては，公正や協力などを，育成する「態度」として学習指導要領に位置付けており，各教科等の目標や内容に対応した学習評価が行われることとされている。

6 障害のある生徒の学習評価について

学習評価に関する基本的な考え方は,障害のある生徒の学習評価についても同様である。

障害のある生徒については,特別支援学校等の助言又は援助を活用しつつ,個々の生徒の障害の状態や特性及び心身の発達の段階に応じた指導内容や指導方法の工夫を行い,その評価を適切に行うことが必要である。また,指導内容や指導方法の工夫については,学習指導要領の各教科・科目の「指導計画の作成と内容の取扱い」の「指導計画作成上の配慮事項」の「障害のある生徒への配慮についての事項」についての学習指導要領解説も参考となる。

7 評価の方針等の生徒や保護者への共有について

学習評価の妥当性や信頼性を高めるとともに,生徒自身に学習の見通しをもたせるために,学習評価の方針を事前に生徒と共有する場面を必要に応じて設けることが求められており,生徒に評価の結果をフィードバックする際にも,どのような方針によって評価したのかを改めて生徒に共有することも重要である。

また,学習指導要領下での学習評価の在り方や基本方針等について,様々な機会を捉えて保護者と共通理解を図ることが非常に重要である。

第2章　学習評価の基本的な流れ

1　各学科に共通する各教科における評価規準の作成及び評価の実施等について

（1）目標と「評価の観点及びその趣旨」との対応関係について

　　評価規準の作成に当たっては，各学校の実態に応じて目標に準拠した評価を行うために，「評価の観点及びその趣旨[4]」が各教科の目標を踏まえて作成されていることを確認することが必要である[5]。また，教科の目標と「評価の観点及びその趣旨」との関係性を踏まえ，科目の目標に対する「評価の観点の趣旨」を作成することが必要である。

　　なお，「主体的に学習に取り組む態度」の観点は，教科・科目の目標の（3）に対応するものであるが，観点別学習状況の評価を通じて見取ることができる部分をその内容として整理し，示していることを確認することが必要である（図5，6参照）。

図5

【学習指導要領「教科の目標」】

学習指導要領　各教科の「第1款　目標」等

(1)	(2)	(3)
（知識及び技能に関する目標）	（思考力，判断力，表現力等に関する目標）	（学びに向かう力，人間性等に関する目標）[6]

【改善等通知　別紙5「評価の観点及びその趣旨」】

観点	知識・技能	思考・判断・表現	主体的に学習に取り組む態度
趣旨	（知識・技能の観点の趣旨）	（思考・判断・表現の観点の趣旨）	（主体的に学習に取り組む態度の観点の趣旨）

---

[4] 各教科等の学習指導要領の目標の規定を踏まえ，観点別学習状況の評価の対象とするものについて整理したものが教科等の観点の趣旨である。

[5] 芸術科においては，「第2款　各科目」における音楽Ⅰ～Ⅲ，美術Ⅰ～Ⅲ，工芸Ⅰ～Ⅲ，書道Ⅰ～Ⅲについて，それぞれ科目の目標を踏まえて「評価の観点及びその趣旨」が作成されている。

[6] 学びに向かう力，人間性等に関する目標には，個人内評価として実施するものも含まれている。

図6

【学習指導要領「科目の目標」】

学習指導要領　各教科の「第2款　各科目」における科目の目標

	(1)	(2)	(3)
	（知識及び技能に関する目標）	（思考力，判断力，表現力等に関する目標）	（学びに向かう力，人間性等に関する目標）[7]

観点	知識・技能	思考・判断・表現	主体的に学習に取り組む態度
趣旨	（知識・技能の観点の趣旨）	（思考・判断・表現の観点の趣旨）	（主体的に学習に取り組む態度の観点の趣旨）
	科目の目標に対する「評価の観点の趣旨」は各学校等において作成する		

（2）「内容のまとまりごとの評価規準」について

　　本参考資料では，評価規準の作成等について示す。具体的には，第2編において学習指導要領の規定から「内容のまとまりごとの評価規準」を作成する際の手順を示している。ここでの「内容のまとまり」とは，学習指導要領に示す各教科等の「第2款　各科目」における各科目の「1　目標」及び「2　内容」の項目等をそのまとまりごとに細分化したり整理したりしたものである[8]。平成30年に改訂された高等学校学習指導要領においては資質・能力の三つの柱に基づく構造化が行われたところであり，各学科に共通する各教科においては，学習指導要領に示す各教科の「第2款 各科目」の「2　内容」

---

[7] 脚注6を参照

[8] 各教科等の学習指導要領の「第3款　各科目にわたる指導計画の作成と内容の取扱い」1(1)に「単元（題材）などの内容や時間のまとまり」という記載があるが，この「内容や時間のまとまり」と，本参考資料における「内容のまとまり」は同義ではないことに注意が必要である。前者は，主体的・対話的で深い学びを実現するため，主体的に学習に取り組めるよう学習の見通しを立てたり学習したことを振り返ったりして自身の学びや変容を自覚できる場面をどこに設定するか，対話によって自分の考えなどを広げたり深めたりする場面をどこに設定するか，学びの深まりをつくりだすために，生徒が考える場面と教師が教える場面をどのように組み立てるか，といった視点による授業改善は，1単位時間の授業ごとに考えるのではなく，単元や題材などの一定程度のまとまりごとに検討されるべきであることが示されたものである。後者（本参考資料における「内容のまとまり」）については，本文に述べるとおりである。

において[9]，「内容のまとまり」ごとに育成を目指す資質・能力が示されている。このため，「2　内容」の記載はそのまま学習指導の目標となりうるものである[10]。学習指導要領の目標に照らして観点別学習状況の評価を行うに当たり，生徒が資質・能力を身に付けた状況を表すために，「2　内容」の記載事項の文末を「～すること」から「～している」と変換したもの等を，本参考資料において「内容のまとまりごとの評価規準」と呼ぶこととする[11]。

　ただし，「主体的に学習に取り組む態度」に関しては，特に，生徒の学習への継続的な取組を通して現れる性質を有すること等から[12]，「2　内容」に記載がない[13]。そのため，各科目の「1　目標」を参考にして作成した科目の目標に対する「評価の観点の趣旨」を踏まえつつ，必要に応じて，改善等通知別紙5に示された評価の観点の趣旨のうち「主体的に学習に取り組む態度」に関わる部分を用いて「内容のまとまりごとの評価規準」を作成する必要がある。

　なお，各学校においては，「内容のまとまりごとの評価規準」の考え方を踏まえて，各学校の実態を考慮し，単元や題材の評価規準等，学習評価を行う際の評価規準を作成する。

---

[9] 外国語においては「第2款 各科目」の「1　目標」である。

[10] 「2　　内容」において示されている指導事項等を整理することで「内容のまとまり」を構成している教科もある。この場合は，整理した資質・能力をもとに，構成された「内容のまとまり」に基づいて学習指導の目標を設定することとなる。また，目標や評価規準の設定は，教育課程を編成する主体である各学校が，学習指導要領に基づきつつ生徒や学校，地域の実情に応じて行うことが必要である。

[11] 各学科に共通する各教科第9節家庭については，学習指導要領の「第1款　目標」(2)及び「第2款　各科目」の「1　目標」(2)に思考力・判断力・表現力等の育成に係る学習過程が記載されているため，これらを踏まえて「内容のまとまりごとの評価規準」を作成する必要がある。

[12] 各教科等の特性によって単元や題材など内容や時間のまとまりはさまざまであることから，評価を行う際は，それぞれの実現状況が把握できる段階について検討が必要である。

[13] 各教科等によって，評価の対象に特性があることに留意する必要がある。例えば，保健体育科の体育に関する科目においては，公正や協力などを，育成する「態度」として学習指導要領に位置付けており，各教科等の目標や内容に対応した学習評価が行われることとされている。

（3）「内容のまとまりごとの評価規準」を作成する際の基本的な手順

　各教科における[14]，「内容のまとまりごとの評価規準」を作成する際の基本的な手順は以下のとおりである。

> 　学習指導要領に示された教科及び科目の目標を踏まえて，「評価の観点及びその趣旨」が作成されていることを理解した上で，
>
> ①　各教科における「内容のまとまり」と「評価の観点」との関係を確認する。
>
> ②　【観点ごとのポイント】を踏まえ，「内容のまとまりごとの評価規準」を作成する。

（4）評価の計画を立てることの重要性

　学習指導のねらいが生徒の学習状況として実現されたかについて，評価規準に照らして観察し，毎時間の授業で適宜指導を行うことは，育成を目指す資質・能力を生徒に育むためには不可欠である。その上で，評価規準に照らして，観点別学習状況の評価をするための記録を取ることになる。そのためには，いつ，どのような方法で，生徒について観点別学習状況を評価するための記録を取るのかについて，評価の計画を立てることが引き続き大切である。

　しかし，毎時間生徒全員について記録を取り，総括の資料とするために蓄積することは現実的ではないことからも，生徒全員の学習状況を記録に残す場面を精選し，かつ適切に評価するための評価の計画が一層重要になる。

（5）観点別学習状況の評価に係る記録の総括

　適切な評価の計画の下に得た，生徒の観点別学習状況の評価に係る記録の総括の時期としては，単元（題材）末，学期末，学年末等の節目が考えられる。

　総括を行う際，観点別学習状況の評価に係る記録が，観点ごとに複数ある場合は，例えば，次のような総括の方法が考えられる。

・　**評価結果のＡ，Ｂ，Ｃの数を基に総括する場合**

　何回か行った評価結果のＡ，Ｂ，Ｃの数が多いものが，その観点の学習の実施状況を最もよく表現しているとする考え方に立つ総括の方法である。例えば，3回評価を行った結果が「ＡＢＢ」ならばＢと総括することが考えられる。なお，「ＡＡＢＢ」の総括結果をＡとするかＢとするかなど，同数の場合や三つの記号が混在する場合の総括の仕方をあらかじめ各学校において決めておく必要がある。

14　芸術科においては，「第2款　各科目」における音楽Ⅰ～Ⅲ，美術Ⅰ～Ⅲ，工芸Ⅰ～Ⅲ，書道Ⅰ～Ⅲについて，必要に応じてそれぞれ「内容のまとまりごとの評価規準」を作成する。

・ 評価結果のＡ，Ｂ，Ｃを数値に置き換えて総括する場合

　　何回か行った評価結果Ａ，Ｂ，Ｃを，例えばＡ＝３，Ｂ＝２，Ｃ＝１のように数値によって表し，合計したり平均したりする総括の方法である。例えば，総括の結果をＢとする範囲を［1.5≦平均値≦2.5］とすると，「ＡＢＢ」の平均値は，約2.3［（３＋２＋２）÷３］で総括の結果はＢとなる。

　　なお，評価の各節目のうち特定の時点に重きを置いて評価を行うこともできるが，その際平均値による方法等以外についても様々な総括の方法が考えられる。

（６）観点別学習状況の評価の評定への総括

　　評定は，各教科の観点別学習状況の評価を総括した数値を示すものである。評定は，生徒がどの教科の学習に望ましい学習状況が認められ，どの教科の学習に課題が認められるのかを明らかにすることにより，教育課程全体を見渡した学習状況の把握と指導や学習の改善に生かすことを可能とするものである。

　　評定への総括は，学期末や学年末などに行われることが多い。学年末に評定へ総括する場合には，学期末に総括した評定の結果を基にする場合と，学年末に観点ごとに総括した結果を基にする場合が考えられる。

　　観点別学習状況の評価の評定への総括は，各観点の評価結果をＡ，Ｂ，Ｃの組合せ，又は，Ａ，Ｂ，Ｃを数値で表したものに基づいて総括し，その結果を５段階で表す。

　　Ａ，Ｂ，Ｃの組合せから評定に総括する場合，「ＢＢＢ」であれば３を基本としつつ，「ＡＡＡ」であれば５又は４，「ＣＣＣ」であれば２又は１とするのが適当であると考えられる。それ以外の場合は，各観点のＡ，Ｂ，Ｃの数の組合せから適切に評定することができるようあらかじめ各学校において決めておく必要がある。

　　なお，観点別学習状況の評価結果は，「十分満足できる」状況と判断されるものをＡ，「おおむね満足できる」状況と判断されるものをＢ，「努力を要する」状況と判断されるものをＣのように表されるが，そこで表された学習の実現状況には幅があるため，機械的に評定を算出することは適当ではない場合も予想される。

　　また，評定は，高等学校学習指導要領等に示す各教科・科目の目標に照らして，その実現状況を「十分満足できるもののうち，特に程度が高い」状況と判断されるものを５，「十分満足できる」状況と判断されるものを４，「おおむね満足できる」状況と判断されるものを３，「努力を要する」状況と判断されるものを２，「努力を要すると判断されるもののうち，特に程度が低い」状況と判断されるものを１（単位不認定）という数値で表される。しかし，この数値を生徒の学習状況について五つに分類したものとして捉えるのではなく，常にこの結果の背後にある生徒の具体的な学習の実現状況を思い描き，適切に捉えることが大切である。評定への総括に当たっては，このようなことも十分に検討する必要がある[15]。また，各学校では観点別学習状況の評価の観点ごとの総括

---

[15] 改善等通知では，「評定は各教科の学習の状況を総括的に評価するものであり，『観点別

及び評定への総括の考え方や方法について，教師間で共通理解を図り，生徒及び保護者に十分説明し理解を得ることが大切である。

2　主として専門学科（職業教育を主とする専門学科）において開設される各教科における評価規準の作成及び評価の実施等について

（1）目標と「評価の観点及びその趣旨」との対応関係について

評価規準の作成に当たっては，各学校の実態に応じて目標に準拠した評価を行うために，「評価の観点及びその趣旨」が各教科の目標を踏まえて作成されていることを確認することが必要である。また，教科の目標と「評価の観点及びその趣旨」との関係性を踏まえ，科目の目標に対する「評価の観点の趣旨」を作成することが必要である。

なお，「主体的に学習に取り組む態度」の観点は，教科・科目の目標の（3）に対応するものであるが，観点別学習状況の評価を通じて見取ることができる部分をその内容として整理し，示していることを確認することが必要である（図7，8参照）。

図7

【学習指導要領「教科の目標」】

学習指導要領　各教科の「第1款　目標」

(1)	(2)	(3)
（知識及び技術に関する目標）	（思考力，判断力，表現力等に関する目標）	（学びに向かう力，人間性等に関する目標）[16]

【改善等通知　別紙5「評価の観点及びその趣旨」】

観点	知識・技術	思考・判断・表現	主体的に学習に取り組む態度
趣旨	（知識・技術の観点の趣旨）	（思考・判断・表現の観点の趣旨）	（主体的に学習に取り組む態度の観点の趣旨）

学習状況』において掲げられた観点は，分析的な評価を行うものとして，各教科の評定を行う場合において基本的な要素となるものであることに十分留意する。その際，評定の適切な決定方法等については，各学校において定める。」と示されている（P.8参照）。

[16] 脚注6を参照

図8

【学習指導要領「科目の目標」】

学習指導要領　各教科の「第2款　各科目」における科目の目標

(1)	(2)	(3)
（知識及び技術に関する目標）	（思考力，判断力，表現力等に関する目標）	（学びに向かう力，人間性等に関する目標）[17]

観点	知識・技術	思考・判断・表現	主体的に学習に取り組む態度
趣旨	（知識・技術の観点の趣旨）	（思考・判断・表現の観点の趣旨）	（主体的に学習に取り組む態度の観点の趣旨）
	科目の目標に対する「評価の観点の趣旨」は各学校等において作成する		

（2）職業教育を主とする専門学科において開設される「〔指導項目〕ごとの評価規準」について

　職業教育を主とする専門学科においては，学習指導要領の規定から「〔指導項目〕ごとの評価規準」を作成する際の手順を示している。

　平成30年に改訂された高等学校学習指導要領においては資質・能力の三つの柱に基づく構造化が行われたところであり，職業教育を主とする専門学科においては，学習指導要領解説に示す各科目の「第2　内容とその取扱い」の「2　内容」の各〔指導項目〕において，育成を目指す資質・能力が示されている。このため，「2　内容〔指導項目〕」の記載はそのまま学習指導の目標となりうるものである。学習指導要領及び学習指導要領解説の目標に照らして観点別学習状況の評価を行うに当たり，生徒が資質・能力を身に付けた状況を表すために，「2　内容　〔指導項目〕」の記載事項の文末を「～すること」から「～している」と変換したもの等を，本参考資料において「〔指導項目〕ごとの評価規準」と呼ぶこととする。

　なお，職業教育を主とする専門学科については，「2　内容　〔指導項目〕」に「学びに向かう力・人間性」に係る項目が存在する。この「学びに向かう力・人間性」に係る項目から，観点別学習状況の評価になじまない部分等を除くことで「主体的に学習に取り組む態度」の「〔指導項目〕ごとの評価規準」を作成することができる。

　これらを踏まえ，職業教育を主とする専門学科においては，各科目における「内容のまとまり」を〔指導項目〕に置き換えて記載することとする。

---

[17] 脚注6を参照

　各学校においては,「〔指導項目〕ごとの評価規準」の考え方を踏まえて,各学校の実態を考慮し,単元の評価規準等,学習評価を行う際の評価規準を作成する。

(3)「〔指導項目〕ごとの評価規準」を作成する際の基本的な手順

　職業教育を主とする専門学科における,「〔指導項目〕ごとの評価規準」を作成する際の基本的な手順は以下のとおりである。

　学習指導要領に示された教科及び科目の目標を踏まえて,「評価の観点及びその趣旨」が作成されていることを理解した上で,

① 各科目における〔指導項目〕と「評価の観点」との関係を確認する。

② 【観点ごとのポイント】を踏まえ,「〔指導項目〕ごとの評価規準」を作成する。

3　総合的な探究の時間における評価規準の作成及び評価の実施等について
(1)　総合的な探究の時間の「評価の観点」について

　平成 30 年に改訂された高等学校学習指導要領では,各教科等の目標や内容を「知識及び技能」,「思考力,判断力,表現力等」,「学びに向かう力,人間性等」の資質・能力の三つの柱で再整理しているが,このことは総合的な探究の時間においても同様である。

　総合的な探究の時間においては,学習指導要領が定める目標を踏まえて各学校が目標や内容を設定するという総合的な探究の時間の特質から,各学校が観点を設定するという枠組みが維持されている。一方で,各学校が目標や内容を定める際には,学習指導要領において示された以下について考慮する必要がある。

【各学校において定める目標】
・　各学校において定める目標については,各学校における教育目標を踏まえ,総合的な探究の時間を通して育成を目指す資質・能力を示すこと。　　　　(第 2 の 3 (1))

　総合的な探究の時間を通して育成を目指す資質・能力を示すとは,各学校における教育目標を踏まえて,各学校において定める目標の中に,この時間を通して育成を目指す資質・能力を,三つの柱に即して具体的に示すということである。

【各学校において定める内容】
・　探究課題の解決を通して育成を目指す具体的な資質・能力については,次の事項に配慮すること。
ア　知識及び技能については,他教科等及び総合的な探究の時間で習得する知識及び技能が相互に関連付けられ,社会の中で生きて働くものとして形成されるようにすること。
イ　思考力,判断力,表現力等については,課題の設定,情報の収集,整理・分析,

> まとめ・表現などの探究的な学習の過程において発揮され，未知の状況において活用できるものとして身に付けられるようにすること。
> ウ 学びに向かう力，人間性等については，自分自身に関すること及び他者や社会との関わりに関することの両方の視点を踏まえること。 　　　　（第2の3(6)）

各学校において定める内容について，今回の改訂では新たに，「目標を実現するにふさわしい探究課題」，「探究課題の解決を通して育成を目指す具体的な資質・能力」の二つを定めることが示された。「探究課題の解決を通して育成を目指す具体的な資質・能力」とは，各学校において定める目標に記された資質・能力を，各探究課題に即して具体的に示したものであり，教師の適切な指導の下，生徒が各探究課題の解決に取り組む中で，育成することを目指す資質・能力のことである。この具体的な資質・能力も，「知識及び技能」，「思考力，判断力，表現力等」，「学びに向かう力，人間性等」という資質・能力の三つの柱に即して設定していくことになる。

このように，各学校において定める目標と内容には，三つの柱に沿った資質・能力が明示されることになる。

したがって，資質・能力の三つの柱で再整理した学習指導要領の下での指導と評価の一体化を推進するためにも，評価の観点についてこれらの資質・能力に関わる「知識・技能」，「思考・判断・表現」，「主体的に学習に取り組む態度」の3観点に整理し示したところである。

（2） 総合的な探究の時間の「内容のまとまり」の考え方

学習指導要領の第2の2では，「各学校においては，第1の目標を踏まえ，各学校の総合的な探究の時間の内容を定める。」とされている。これは，各学校が，学習指導要領が定める目標の趣旨を踏まえて，地域や学校，生徒の実態に応じて，創意工夫を生かした内容を定めることが期待されているからである。

この内容の設定に際しては，前述したように「目標を実現するにふさわしい探究課題」，「探究課題の解決を通して育成を目指す具体的な資質・能力」の二つを定めることが示され，探究課題としてどのような対象と関わり，その探究課題の解決を通して，どのような資質・能力を育成するのかが内容として記述されることになる（図9参照）。

本参考資料第1編第2章の1（2）では，「内容のまとまり」について，「学習指導要領に示す各教科等の『第2款　各科目』における各科目の『1　目標』及び『2　内容』の項目等をそのまとまりごとに細分化したり整理したりしたもので，『内容のまとまり』ごとに育成を目指す資質・能力が示されている」と説明されている。

したがって，総合的な探究の時間における「内容のまとまり」とは，全体計画に示した「目標を実現するにふさわしい探究課題」のうち，一つ一つの探究課題とその探究課題に応じて定めた具体的な資質・能力と考えることができる。

図9

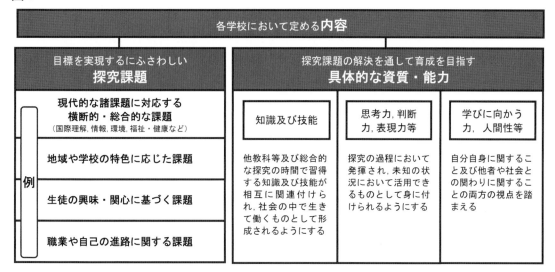

（3）「内容のまとまりごとの評価規準」を作成する際の基本的な手順

総合的な探究の時間における，「内容のまとまりごとの評価規準」を作成する際の基本的な手順は以下のとおりである。

> ①　各学校において定めた目標（第2の1）と「評価の観点及びその趣旨」を確認する。
>
> ②　各学校において定めた内容の記述（「内容のまとまり」として探究課題ごとに作成した「探究課題の解決を通して育成を目指す具体的な資質・能力」）が，観点ごとにどのように整理されているかを確認する。
>
> ③　【観点ごとのポイント】を踏まえ，「内容のまとまりごとの評価規準」を作成する。

4　特別活動の「評価の観点」とその趣旨，並びに評価規準の作成及び評価の実施等について

（1）特別活動の「評価の観点」とその趣旨について

特別活動においては，改善等通知において示されたように，特別活動の特質と学校の創意工夫を生かすということから，設置者ではなく，「各学校で評価の観点を定める」ものとしている。本参考資料では「評価の観点」とその趣旨の設定について示している。

（2）特別活動の「内容のまとまり」

学習指導要領「第2　各活動・学校行事の目標及び内容」〔ホームルーム活動〕「2　内容」の「(1)ホームルームや学校における生活づくりへの参画」，「(2)日常の生活や学習への適応と自己の成長及び健康安全」，「(3)一人一人のキャリア形成と自己実現」，〔生徒会活動〕，〔学校行事〕「2　内容」の(1)儀式的行事，(2)文化的行事，(3)健康安全・体育的行事，(4)旅行・集団宿泊的行事，(5)勤労生産・奉仕的行事をそれぞれ「内容のまとまり」とした。

（3）特別活動の「評価の観点」とその趣旨，並びに「内容のまとまりごとの評価規準」を作成する際の基本的な手順

　各学校においては，学習指導要領に示された特別活動の目標及び内容を踏まえ，自校の実態に即し，改善等通知の例示を参考に観点を作成する。その際，例えば，特別活動の特質や学校として重点化した内容を踏まえて，具体的な観点を設定することが考えられる。

　また，学習指導要領解説では，各活動・学校行事の内容ごとに育成を目指す資質・能力が例示されている。そこで，学習指導要領で示された「各活動・学校行事の目標」及び学習指導要領解説で例示された「資質・能力」を確認し，各学校の実態に合わせて育成を目指す資質・能力を重点化して設定する。

　次に，各学校で設定した，各活動・学校行事で育成を目指す資質・能力を踏まえて，「内容のまとまりごとの評価規準」を作成する。基本的な手順は以下のとおりである。

---

① 　学習指導要領の「特別活動の目標」と改善等通知を確認する。

② 　学習指導要領の「特別活動の目標」と自校の実態を踏まえ，改善等通知の例示を参考に，特別活動の「評価の観点」とその趣旨を設定する。

③ 　学習指導要領の「各活動・学校行事の目標」及び学習指導要領解説特別活動編（平成30年7月）で例示した「各活動・学校行事における育成を目指す資質・能力」を参考に，各学校において育成を目指す資質・能力を重点化して設定する。

④ 　【観点ごとのポイント】を踏まえ，「内容のまとまりごとの評価規準」を作成する。

（参考）平成 24 年「評価規準の作成，評価方法等の工夫改善のための参考資料」からの変更点について

　今回作成した本参考資料は，平成 24 年の「評価規準の作成，評価方法等の工夫改善のための参考資料」を踏襲するものであるが，以下のような変更点があることに留意が必要である[18]。

　まず，平成 24 年の参考資料において使用していた「評価規準に盛り込むべき事項」や「評価規準の設定例」については，報告において「現行の参考資料のように評価規準を詳細に示すのではなく，各教科等の特質に応じて，学習指導要領の規定から評価規準を作成する際の手順を示すことを基本とする」との指摘を受け，第 2 編において示すことを改め，本参考資料の第 3 編における事例の中で，各教科等の事例に沿った評価規準を例示したり，その作成手順等を紹介したりする形に改めている。

　次に，本参考資料の第 2 編に示す「内容のまとまりごとの評価規準」は，平成 24 年の「評価規準の作成，評価方法等の工夫改善のための参考資料」において示した「評価規準に盛り込むべき事項」と作成の手順を異にする。具体的には，「評価規準に盛り込むべき事項」は，平成 21 年改訂学習指導要領における各教科等の目標及び内容の記述を基に，学習評価及び指導要録の改善通知で示している各教科等の評価の観点及びその趣旨を踏まえて作成したものである。

　また，平成 24 年の参考資料では「評価規準に盛り込むべき事項」をより具体化したものを「評価規準の設定例」として示している。「評価規準の設定例」は，原則として，学習指導要領の各教科等の目標及び内容のほかに，当該部分の学習指導要領解説（文部科学省刊行）の記述を基に作成していた。他方，本参考資料における「内容のまとまりごとの評価規準」については，平成 30 年改訂の学習指導要領の目標及び内容が育成を目指す資質・能力に関わる記述で整理されたことから，既に確認のとおり，そこでの「内容のまとまり」ごとの記述を，文末を変換するなどにより評価規準とすることを可能としており，学習指導要領の記載と表裏一体をなす関係にあると言える。

　さらに，「主体的に学習に取り組む態度」の「各教科等の評価の観点の趣旨」についてである。前述のとおり，従前の「関心・意欲・態度」の観点から「主体的に学習に取り組む態度」の観点に改められており，「主体的に学習に取り組む態度」の観点に関しては各科目の「1 目標」を参考にしつつ，必要に応じて，改善等通知別紙 5 に示された評価の観点の趣旨のうち「主体的に学習に取り組む態度」に関わる部分を用いて「内容のまとまりごとの評価規準」を作成する必要がある。報告にあるとおり，「主体的に学習に取り組む態度」は，現行の「関心・意欲・態度」の観点の本来の趣旨であった，各教科等の学習内容に関心をもつことのみならず，よりよく学ぼうとする意欲をもって学習に取り組む

---

[18] 特別活動については，平成 30 年改訂学習指導要領を受け，初めて作成するものである。

態度を評価することを改めて強調するものである。また，本観点に基づく評価としては，「主体的に学習に取り組む態度」に係る各教科等の評価の観点の趣旨に照らし，

①　知識及び技能を獲得したり，思考力，判断力，表現力等を身に付けたりすることに向けた粘り強い取組を行おうとする側面と，

②　①の粘り強い取組を行う中で，自らの学習を調整しようとする側面，

という二つの側面を評価することが求められるとされた[19]。

　以上の点から，今回の改善等通知で示した「主体的に学習に取り組む態度」の「各教科等の評価の観点の趣旨」は，平成22年通知で示した「関心・意欲・態度」の「各教科等の評価の観点の趣旨」から改められている。

---

[19]　脚注11を参照

第2編

「内容のまとまりごとの評価規準」
を作成する際の手順

1 高等学校数学科の「内容のまとまり」

高等学校数学科においては，学習指導要領の各科目の内容の大項目を内容のまとまりとした。

〔数学Ⅰ〕
　数と式
　図形と計量
　二次関数
　データの分析

〔数学Ⅱ〕
　いろいろな式
　図形と方程式
　指数関数・対数関数
　三角関数
　微分・積分の考え

〔数学Ⅲ〕
　極限
　微分法
　積分法

〔数学A〕
　図形の性質
　場合の数と確率
　数学と人間の活動

〔数学B〕
　数列
　統計的な推測
　数学と社会生活

〔数学C〕
　ベクトル
　平面上の曲線と複素数平面
　数学的な表現の工夫

2 高等学校数学科における「内容のまとまりごとの評価規準」作成の手順

　ここでは，数学Ⅰの「数と式」を取り上げて，「内容のまとまりごとの評価規準」作成の手順を説明する。

　まず，学習指導要領に示された教科及び科目の目標を踏まえて，「評価の観点及びその趣旨」が作成されていることを理解する。その上で，①及び②の手順を踏む。

【高等学校学習指導要領 第2章 第4節　数学「第1款 目標」】

　数学的な見方・考え方を働かせ，数学的活動を通して，数学的に考える資質・能力を次のとおり育成することを目指す。

（1）	（2）	（3）
数学における基本的な概念や原理・法則を体系的に理解するとともに，事象を数学化したり，数学的に解釈したり，数学的に表現・処理したりする技能を身に付けるようにする。	数学を活用して事象を論理的に考察する力，事象の本質や他の事象との関係を認識し統合的・発展的に考察する力，数学的な表現を用いて事象を簡潔・明瞭・的確に表現する力を養う。	数学のよさを認識し積極的に数学を活用しようとする態度，粘り強く考え数学的論拠に基づいて判断しようとする態度，問題解決の過程を振り返って考察を深めたり，評価・改善したりしようとする態度や創造性の基礎を養う。

（高等学校学習指導要領 P.91）

【改善等通知 別紙5　各教科等の評価の観点及びその趣旨　＜数学＞】

知識・技能	思考・判断・表現	主体的に学習に取り組む態度
・数学における基本的な概念や原理・法則を体系的に理解している。 ・事象を数学化したり，数学的に解釈したり，数学的に表現・処理したりする技能を身に付けている。	数学を活用して事象を論理的に考察する力，事象の本質や他の事象との関係を認識し統合的・発展的に考察する力，数学的な表現を用いて事象を簡潔・明瞭・的確に表現する力を身に付けている。	・数学のよさを認識し積極的に数学を活用しようとしたり，粘り強く考え数学的論拠に基づいて判断したりしようとしている。 ・問題解決の過程を振り返って考察を深めたり，評価・改善しようとしたりしている。

（改善等通知　別紙5　P.2）

【高等学校学習指導要領 第2章 第4節　数学「第2款　第1　数学Ⅰ　1　目標」】

　数学的な見方・考え方を働かせ，数学的活動を通して，数学的に考える資質・能力を次のとおり育成することを目指す。

（1）	（2）	（3）
数と式，図形と計量，二次関数及びデータの分析についての基本的な概念や原理・法則を体系的に理解するとともに，事象を数学化したり，数学的に解釈したり，数学的に表現・処理したりする技能を身に付けるようにする。	命題の条件や結論に着目し，数や式を多面的にみたり目的に応じて適切に変形したりする力，図形の構成要素間の関係に着目し，図形の性質や計量について論理的に考察し表現する力，関数関係に着目し，事象を的確に表現してその特徴を表，式，グラフを相互に関連付けて考察する力，社会の事象などから設定した問題について，データの散らばりや変量間の関係などに着目し，適切な手法を選択して分析を行い，問題を解決したり，解決の過程や結果を批判的に考察し判断したりする力を養う。	数学のよさを認識し数学を活用しようとする態度，粘り強く考え数学的論拠に基づいて判断しようとする態度，問題解決の過程を振り返って考察を深めたり，評価・改善したりしようとする態度や創造性の基礎を養う。

（高等学校学習指導要領 P.91）

【「第2款　第1　数学Ⅰ」の評価の観点の趣旨（例）】

知識・技能	思考・判断・表現	主体的に学習に取り組む態度
・数と式，図形と計量，二次関数及びデータの分析についての基本的な概念や原理・法則を体系的に理解している。 ・事象を数学化したり，数学的に解釈したり，数学的に表現・処理したりすることに関する技能を身に付けている。	命題の条件や結論に着目し，数や式を多面的にみたり目的に応じて適切に変形したりする力，図形の構成要素間の関係に着目し，図形の性質や計量について論理的に考察し表現する力，関数関係に着目し，事象を的確に表現してその特徴を表，式，グラフを相互に関連付けて考察する力，社会の事象などから設定した問題について，データの散らばりや変量間の関係などに着目し，適切な手法を選	・数学のよさを認識し数学を活用しようとしたり，粘り強く考え数学的論拠に基づき判断しようとしたりしている。 ・問題解決の過程を振り返って考察を深めたり，評価・改善したりしようとしている。

	択して分析を行い，問題を解決したり，解決の過程や結果を批判的に考察し判断したりする力を身に付けている。	

【高等学校学習指導要領 第2章 第4節　数学「第2款　第2　数学Ⅱ　1　目標」】

　数学的な見方・考え方を働かせ，数学的活動を通して，数学的に考える資質・能力を次のとおり育成することを目指す。

（1）	（2）	（3）
いろいろな式，図形と方程式，指数関数・対数関数，三角関数及び微分・積分の考えについての基本的な概念や原理・法則を体系的に理解するとともに，事象を数学化したり，数学的に解釈したり，数学的に表現・処理したりする技能を身に付けるようにする。	数の範囲や式の性質に着目し，等式や不等式が成り立つことなどについて論理的に考察する力，座標平面上の図形について構成要素間の関係に着目し，方程式を用いて図形を簡潔・明瞭・的確に表現したり，図形の性質を論理的に考察したりする力，関数関係に着目し，事象を的確に表現してその特徴を数学的に考察する力，関数の局所的な変化に着目し，事象を数学的に考察したり，問題解決の過程や結果を振り返って統合的・発展的に考察したりする力を養う。	数学のよさを認識し数学を活用しようとする態度，粘り強く柔軟に考え数学的論拠に基づいて判断しようとする態度，問題解決の過程を振り返って考察を深めたり，評価・改善したりしようとする態度や創造性の基礎を養う。

（高等学校学習指導要領 P.93）

【「第2款　第2　数学Ⅱ」の評価の観点の趣旨（例）】

知識・技能	思考・判断・表現	主体的に学習に取り組む態度
・いろいろな式，図形と方程式，指数関数・対数関数，三角関数及び微分・積分の考えについての基本的な概念や原理・法則を体系的に理解している。 ・事象を数学化したり，数学的に解釈したり，数学的に表現・処理したりすることに関	数の範囲や式の性質に着目し，等式や不等式が成り立つことなどについて論理的に考察する力，座標平面上の図形について構成要素間の関係に着目し，方程式を用いて図形を簡潔・明瞭・的確に表現したり，図形の性質を論理的に考察したりする力，関数関係に着目し，事象	・数学のよさを認識し数学を活用しようとしたり，粘り強く柔軟に考え数学的論拠に基づき判断しようとしたりしている。 ・問題解決の過程を振り返って考察を深めたり，評価・改善したりしようとしている。

する技能を身に付けている。	を的確に表現してその特徴を数学的に考察する力, 関数の局所的な変化に着目し, 事象を数学的に考察したり, 問題解決の過程や結果を振り返って統合的・発展的に考察したりする力を身に付けている。	

【高等学校学習指導要領 第2章 第4節　数学「第2款　第3　数学Ⅲ　1 目標」】

　数学的な見方・考え方を働かせ, 数学的活動を通して, 数学的に考える資質・能力を次のとおり育成することを目指す。

（1）	（2）	（3）
極限, 微分法及び積分法についての概念や原理・法則を体系的に理解するとともに, 事象を数学化したり, 数学的に解釈したり, 数学的に表現・処理したりする技能を身に付けるようにする。	数列や関数の値の変化に着目し, 極限について考察したり, 関数関係をより深く捉えて事象を的確に表現し, 数学的に考察したりする力, いろいろな関数の局所的な性質や大域的な性質に着目し, 事象を数学的に考察したり, 問題解決の過程や結果を振り返って統合的・発展的に考察したりする力を養う。	数学のよさを認識し積極的に数学を活用しようとする態度, 粘り強く柔軟に考え数学的論拠に基づいて判断しようとする態度, 問題解決の過程を振り返って考察を深めたり, 評価・改善したりしようとする態度や創造性の基礎を養う。

（高等学校学習指導要領 P.95, 96）

【「第2款　第3　数学Ⅲ」の評価の観点の趣旨（例）】

知識・技能	思考・判断・表現	主体的に学習に取り組む態度
・極限, 微分法及び積分法についての基本的な概念や原理・法則を体系的に理解している。 ・事象を数学化したり, 数学的に解釈したり, 数学的に表現・処理したりすることに関する技能を身に付けている。	数列や関数の値の変化に着目し, 極限について考察したり, 関数関係をより深く捉えて事象を的確に表現し, 数学的に考察したりする力, いろいろな関数の局所的な性質や大域的な性質に着目し, 事象を数学的に考察したり, 問題解決の過程や結果を振り返って統合的・発展的に考察したりする力を身に付けている。	・数学のよさを認識し積極的に数学を活用しようとしたり, 粘り強く柔軟に考え数学的論拠に基づき判断しようとしたりしている。 ・問題解決の過程を振り返って考察を深めたり, 評価・改善したりしようとしている。

【高等学校学習指導要領 第2章 第4節 数学「第2款 第4 数学A 1 目標」】

　数学的な見方・考え方を働かせ，数学的活動を通して，数学的に考える資質・能力を次のとおり育成することを目指す。

（1）	（2）	（3）
図形の性質，場合の数と確率についての基本的な概念や原理・法則を体系的に理解するとともに，数学と人間の活動の関係について認識を深め，事象を数学化したり，数学的に解釈したり，数学的に表現・処理したりする技能を身に付けるようにする。	図形の構成要素間の関係などに着目し，図形の性質を見いだし，論理的に考察する力，不確実な事象に着目し，確率の性質などに基づいて事象の起こりやすさを判断する力，数学と人間の活動との関わりに着目し，事象に数学の構造を見いだし，数理的に考察する力を養う。	数学のよさを認識し数学を活用しようとする態度，粘り強く考え数学的論拠に基づいて判断しようとする態度，問題解決の過程を振り返って考察を深めたり，評価・改善したりしようとする態度や創造性の基礎を養う。

（高等学校学習指導要領 P.97）

【「第2款 第4 数学A」の評価の観点の趣旨（例)】

知識・技能	思考・判断・表現	主体的に学習に取り組む態度
・図形の性質，場合の数と確率についての基本的な概念や原理・法則を体系的に理解している。 ・数学と人間の活動の関係について認識を深めている。 ・事象を数学化したり，数学的に解釈したり，数学的に表現・処理したりすることに関する技能を身に付けている。	図形の構成要素間の関係などに着目し，図形の性質を見いだし，論理的に考察する力，不確実な事象に着目し，確率の性質などに基づいて事象の起こりやすさを判断する力，数学と人間の活動との関わりに着目し，事象に数学の構造を見いだし，数理的に考察する力を身に付けている。	・数学のよさを認識し数学を活用しようとしたり，粘り強く考え数学的論拠に基づき判断しようとしたりしている。 ・問題解決の過程を振り返って考察を深めたり，評価・改善したりしようとしている。

【高等学校学習指導要領 第2章 第4節 数学「第2款 第5 数学B 1 目標」】

　数学的な見方・考え方を働かせ，数学的活動を通して，数学的に考える資質・能力を次のとおり育成することを目指す。

（1）	（2）	（3）
数列，統計的な推測についての基本的な概念や原理・法則を体系的に理解するとともに，数学と社会生活の関わりについて認識を深め，事象を数学化したり，数学的に解釈したり，数学	離散的な変化の規則性に着目し，事象を数学的に表現し考察する力，確率分布や標本分布の性質に着目し，母集団の傾向を推測し判断したり，標本調査の方法や結果を批判的に考察したりする力，日	数学のよさを認識し数学を活用しようとする態度，粘り強く柔軟に考え数学的論拠に基づいて判断しようとする態度，問題解決の過程を振り返って考察を深めた

的に表現・処理したりする技能を身に付けるようにする。	常の事象や社会の事象を数学化し，問題を解決したり，解決の過程や結果を振り返って考察したりする力を養う。	り，評価・改善したりしようとする態度や創造性の基礎を養う。

（高等学校学習指導要領 P.99）

【「第2款　第5　数学B」の評価の観点の趣旨（例）】

知識・技能	思考・判断・表現	主体的に学習に取り組む態度
・数列，統計的な推測についての基本的な概念や原理・法則を体系的に理解している。 ・数学と社会生活の関わりについて認識を深めている。 ・事象を数学化したり，数学的に解釈したり，数学的に表現・処理したりすることに関する技能を身に付けている。	離散的な変化の規則性に着目し，事象を数学的に表現し考察する力，確率分布や標本分布の性質に着目し，母集団の傾向を推測し判断したり，標本調査の方法や結果を批判的に考察したりする力，日常の事象や社会の事象を数学化し，問題を解決したり，解決の過程や結果を振り返って考察したりする力を身に付けている。	・数学のよさを認識し数学を活用しようとしたり，粘り強く柔軟に考え数学的論拠に基づき判断しようとしたりしている。 ・問題解決の過程を振り返って考察を深めたり，評価・改善したりしようとしている。

【高等学校学習指導要領 第2章 第4節　数学「第2款　第6　数学C　1　目標」】

　数学的な見方・考え方を働かせ，数学的活動を通して，数学的に考える資質・能力を次のとおり育成することを目指す。

（1）	（2）	（3）
ベクトル，平面上の曲線と複素数平面についての基本的な概念や原理・法則を体系的に理解するとともに，数学的な表現の工夫について認識を深め，事象を数学化したり，数学的に解釈したり，数学的に表現・処理したりする技能を身に付けるようにする。	大きさと向きをもった量に着目し，演算法則やその図形的な意味を考察する力，図形や図形の構造に着目し，それらの性質を統合的・発展的に考察する力，数学的な表現を用いて事象を簡潔・明瞭・的確に表現する力を養う。	数学のよさを認識し数学を活用しようとする態度，粘り強く柔軟に考え数学的論拠に基づいて判断しようとする態度，問題解決の過程を振り返って考察を深めたり，評価・改善したりしようとする態度や創造性の基礎を養う。

（高等学校学習指導要領 P.100，101）

【「第2款　第6　数学Ｃ」の評価の観点の趣旨（例）】

知識・技能	思考・判断・表現	主体的に学習に取り組む態度
・ベクトル，平面上の曲線と複素数平面についての基本的な概念や原理・法則を体系的に理解している。 ・数学的な表現の工夫について認識を深めている。 ・事象を数学化したり，数学的に解釈したり，数学的に表現・処理したりすることに関する技能を身に付けている。	大きさと向きをもった量に着目し，演算法則やその図形的な意味を考察する力，図形や図形の構造に着目し，それらの性質を統合的・発展的に考察する力，数学的な表現を用いて事象を簡潔・明瞭・的確に表現する力を身に付けている。	・数学のよさを認識し数学を活用しようとしたり，粘り強く柔軟に考え数学的論拠に基づき判断しようとしたりしている。 ・問題解決の過程を振り返って考察を深めたり，評価・改善したりしようとしている。

＜例　数学Ⅰの「数と式」＞

①　各教科における「内容のまとまり」と「評価の観点」との関係を確認する。

　　高等学校数学科においては，下記の通り，各内容のまとまりの「ア」が「知識及び技能」に関する内容であり，「イ」が「思考力，判断力，表現力等」に関する内容である。

（1）　数と式について，数学的活動を通して，次の事項を身に付けることができるよう指導する。
ア　次のような知識及び技能を身に付けること。
　　（ア）　数を実数まで拡張する意義を理解し，簡単な無理数の四則計算をすること。
　　（イ）　集合と命題に関する基本的な概念を理解すること。
　　（ウ）　二次の乗法公式及び因数分解の公式の理解を深めること。
　　（エ）　不等式の解の意味や不等式の性質について理解し，一次不等式の解を求めること。
イ　次のような思考力，判断力，表現力等を身に付けること。
　　（ア）　集合の考えを用いて論理的に考察し，簡単な命題を証明すること。
　　（イ）　問題を解決する際に，既に学習した計算の方法と関連付けて，式を多面的に捉えたり目的に応じて適切に変形したりすること。
　　（ウ）　不等式の性質を基に一次不等式を解く方法を考察すること。
　　（エ）　日常の事象や社会の事象などを数学的に捉え，一次不等式を問題解決に活用すること。

> 　（下線）…知識及び技能に関する内容
>
> 　（波線）…思考力，判断力，表現力等に関する内容

②　【観点ごとのポイント】を踏まえ，「内容のまとまりごとの評価規準」を作成する。

（1）「内容のまとまりごとの評価規準」を作成する際の【観点ごとのポイント】

○「知識・技能」のポイント
・基本的に，当該「内容のまとまり」で育成を目指す資質・能力に該当する「知識及び技能」で示された内容をもとに，その文末を「〜している」「〜することができる」などとして評価規準を作成する。

○「思考・判断・表現」のポイント
・基本的に，当該「内容のまとまり」で育成を目指す資質・能力に該当する「思考力，判断力，表現力等」で示された内容をもとに，その文末を「〜することができる」として，評価規準を作成する。

○「主体的に学習に取り組む態度」のポイント
・基本的に，当該科目の「主体的に学習に取り組む態度」の観点の趣旨をもとに，当該「内容のまとまり」で育成を目指す「知識及び技能」や「思考力，判断力，表現力等」の指導事項等を踏まえ，その文末を「〜しようとしている」として評価規準を作成する。

（2）学習指導要領の「2　内容」及び「内容のまとまりごとの評価規準（例）」

	知識及び技能	思考力，判断力，表現力等	学びに向かう力，人間性等
学習指導要領　2　内容	ア(ア)数を実数まで拡張する意義を理解し，簡単な無理数の四則計算をすること。 ア(イ)集合と命題に関する基本的な概念を理解すること。 ア(ウ)二次の乗法公式及び因数分解の公式の理解を深めること。 ア(エ)不等式の解の意味や不等式の性質について理解し，一次不等式の解を求めること。	イ(ア)集合の考えを用いて論理的に考察し，簡単な命題を証明すること。 イ(イ)問題を解決する際に，既に学習した計算の方法と関連付けて，式を多面的に捉えたり目的に応じて適切に変形したりすること。 イ(ウ)不等式の性質を基に一次不等式を解く方法を考察すること。 イ(エ)日常の事象や社会の事象などを数学的に捉え，一次不等式を問題解決に活用すること。	※内容には，学びに向かう力，人間性等について示されていないことから，該当科目数学Ⅰ目標(3)を参考にする。

	知識・技能	思考・判断・表現	主体的に学習に取り組む態度
内容のまとまりごとの評価規準　例	・数を実数まで拡張する意義を理解するとともに，簡単な無理数の四則計算をすることができる。 ・集合と命題に関する基本的な概念を理解している。 ・二次の乗法公式や因数分解の公式を適切に用いて計算をすることができる。 ・不等式の解の意味や不等式の性質について理解するとともに，一次不等式の解を求めることができる。	・集合の考えを用いて命題を論理的に考察し，簡単な命題の証明をすることができる。 ・問題を解決する際に，既に学習した計算の方法と関連付けて，式を多面的に捉えたり目的に応じて適切に変形したりすることができる。 ・一次方程式を解く方法や不等式の性質を基に一次不等式を解く方法を考察することができる。 ・日常の事象や社会の事象などを数学的に捉え，一次不等式を問題解決に活用することができる。	・事象を数と式の考えを用いて考察するよさを認識し，問題解決にそれらを活用しようとしたり，粘り強く考え数学的論拠に基づき判断しようとしたりしている。 ・問題解決の過程を振り返って考察を深めたり，評価・改善したりしようとしている。 ※必要に応じて各科目別の評価の観点の趣旨のうち「主体的に学習に取り組む態度」に関わる部分を用いて作成する。

第３編

単元ごとの学習評価について

（事例）

第1章　「内容のまとまりごとの評価規準」の考え方を踏まえた評価規準の作成

1　本編事例における学習評価の進め方について

　各教科及び科目の単元における観点別学習状況の評価を実施するに当たり，まずは年間の指導と評価の計画を確認することが重要である。その上で，学習指導要領の目標や内容，「内容のまとまりごとの評価規準」の考え方等を踏まえ，以下のように進めることが考えられる。なお，複数の単元にわたって評価を行う場合など，以下の方法によらない事例もあることに留意する必要がある。

評価の進め方	留意点
1 **単元の目標を作成する**	○　学習指導要領の目標や内容，学習指導要領解説等を踏まえて作成する。 ○　生徒の実態，前単元までの学習状況等を踏まえて作成する。 ※　単元の目標及び評価規準の関係性（イメージ）については下図参照 **単元の目標及び評価規準の関係性について（イメージ図）** 学習指導要領　　第1編第2章1（2）を参照 「内容のまとまりごとの評価規準」 学習指導要領解説等を参考に，各学校において授業で育成を目指す資質・能力を明確化 「内容のまとまりごとの評価規準」の考え方等を踏まえて作成 単元の目標　　第3編第1章2を参照 単元の評価規準 ※ 外国語科においてはこの限りではない。
2 **単元の評価規準を作成する**	
3 **「指導と評価の計画」を作成する**	○　1，2を踏まえ，評価場面や評価方法等を計画する。 ○　どのような評価資料（生徒の反応やノート，ワークシート，作品等）を基に，「おおむね満足できる」状況（B）と評価するかを考えたり，「努力を要する」状況（C）への手立て等を考えたりする。
授業を行う	○　3に沿って観点別学習状況の評価を行い，生徒の学習改善や教師の指導改善につなげる。
4 **観点ごとに総括する**	○　集めた評価資料やそれに基づく評価結果などから，観点ごとの総括的評価（A，B，C）を行う。

2 単元の評価規準の作成のポイント

　高等学校数学科においては，単元の目標と第2編に示した「内容のまとまりごとの評価規準（例）」を基に，単元の評価規準を作成する。その際，高等学校学習指導要領の内容における［用語・記号］，［内容の取扱い］の各事項も含めて評価規準を設定する。また，該当する高等学校学習指導要領解説（数学編）の記述も参考にして設定する。「内容のまとまりごとの評価規準（例）」の中には，そのまま単元の評価規準として位置付けることができるものもあるが，学習指導場面を想定し，「内容のまとまりごとの評価規準」を学習指導で取り上げる問題や教材等に即してより具体的に設定することなども考えられる。

　単元の評価規準の作成のポイントは，以下のとおりである。

（1）知識・技能

・単元の目標と「内容のまとまりごとの評価規準（例）」を基に，高等学校学習指導要領の内容における［用語・記号］，［内容の取扱い］の各事項も含めて評価規準を設定する。

・何を理解し，どのような知識を身に付け，何ができるようになるかを具体的に記述する。その際，［用語・記号］についても，具体例と関連付けてその意味を理解していることが大切であり，評価規準の設定においてもそのことが分かるよう工夫する。

（2）思考・判断・表現

・単元の目標と「内容のまとまりごとの評価規準（例）」（評価の観点の趣旨も含む）を基に評価規準を設定する。

　その際，例えば数学Ⅰ（1）「数と式」の「内容のまとまりごとの評価規準（例）」では，知識・技能の「・数を実数まで拡張する意義を理解するとともに，簡単な無理数の四則計算をすることができる」に対応する思考・判断・表現の評価規準が設定されていないが，「数を拡張してきた過程を考察することができる」などの評価規準を設定し，授業においては $x^2 = 2$ を満足する有理数は存在しないことなどを扱うことが考えられる。

　また，それぞれ設定された評価規準をどのような評価場面や評価方法等で評価するかを想定しておくことも大切である。

（3）主体的に学習に取り組む態度

・当該科目の「主体的に学習に取り組む態度」の観点の趣旨をもとに，当該単元で育成を目指す「知識及び技能」や「思考力，判断力，表現力等」の指導事項等を踏まえ，その文末を「～しようとしている」として評価規準を作成する。

・主体的に学習に取り組む態度については概ね単元全体を通して育成する資質・能力であり，指導においては常に意識しておくことも大切である。

数学Ⅰ（1）「数と式」における「内容のまとまりごとの評価規準（例）」及び「単元の評価規準（例）」

	知識・技能	思考・判断・表現	主体的に学習に取り組む態度
内容のまとまりごとの評価規準（例）	・数を実数まで拡張する意義を理解するとともに，簡単な無理数の四則計算をすることができる。 ・集合と命題に関する基本的な概念を理解している。 ・二次の乗法公式や因数分解の公式を適切に用いて計算をすることができる。 ・不等式の解の意味や不等式の性質について理解するとともに，一次不等式の解を求めることができる。	・集合の考えを用いて命題を論理的に考察し，簡単な命題の証明をすることができる。 ・問題を解決する際に，既に学習した計算の方法と関連付けて，式を多面的に捉えたり目的に応じて適切に変形したりすることができる。 ・一次方程式を解く方法や不等式の性質を基に一次不等式を解く方法を考察することができる。 ・日常の事象や社会の事象などを数学的に捉え，一次不等式を問題解決に活用することができる。	・事象を数と式の考えを用いて考察するよさを認識し，問題解決にそれらを活用しようとしたり，粘り強く考え数学的論拠に基づき判断しようとしたりしている。 ・問題解決の過程を振り返って考察を深めたり，評価・改善したりしようとしている。

第3編

	知識・技能	思考・判断・表現	主体的に学習に取り組む態度
単元【実数】の評価規準（例）	・数を実数まで拡張することの意義を理解している。 ・実数が直線上の点と1対1に対応していることを理解している。 ・簡単な無理数についての四則計算をすることができる。	・数を拡張してきた過程を考察することができる。 ・数の四則計算の可能性について考察することができる。 ・簡単な無理数を含んだ式を多面的に捉えたり，目的に応じて適切に変形したりすることができる。	・数を実数まで拡張する意義を認識し数学を活用しようとしたり，粘り強く考え数学的論拠に基づき判断しようとしたりしている。 ・問題解決の過程を振り返って考察を深めたり，評価・改善したりしようとしている。

※　上記の例を基にして，自校の教育課程における単元内容や，学習指導で取り上げる問題，教材等に即して評価規準を設定することも考えられる。

第2章　学習評価に関する事例について

1　事例の特徴

　第1編第1章2（4）で述べた学習評価の改善の基本的な方向性を踏まえつつ，平成30年に改訂された高等学校学習指導要領の趣旨・内容の徹底に資する評価の事例を示すことができるよう，本参考資料における事例は，原則として以下のような方針を踏まえたものとしている。

○　単元に応じた評価規準の設定から評価の総括までとともに，生徒の学習改善及び教師の指導改善までの一連の流れを示している

　本参考資料で提示する事例は，単元の評価規準の設定から評価の総括までとともに，評価結果を生徒の学習改善や教師の指導改善に生かすまでの一連の学習評価の流れを念頭においたものである。なお，観点別の学習状況の評価については，「おおむね満足できる」状況，「十分満足できる」状況，「努力を要する」状況と判断した生徒の具体的な状況の例などを示している。「十分満足できる」状況という評価になるのは，生徒が実現している学習の状況が質的な高まりや深まりをもっていると判断されるときである。

○　観点別の学習状況について評価する時期や場面の精選について示している

　報告や改善等通知では，学習評価については，日々の授業の中で生徒の学習状況を適宜把握して指導の改善に生かすことに重点を置くことが重要であり，観点別の学習状況についての評価は，毎回の授業ではなく原則として単元や題材など内容や時間のまとまりごとに，それぞれの実現状況を把握できる段階で行うなど，その場面を精選することが重要であることが示された。このため，観点別の学習状況について評価する時期や場面の精選について，「指導と評価の計画」の中で，具体的に示している。

○　評価方法の工夫を示している

　生徒の反応やノート，ワークシート，作品等の評価資料をどのように活用したかなど，評価方法の多様な工夫について示している。

2 事例の概要

事例 キーワード　指導と評価の計画から評価の総括まで
　　　　　　　　「主体的に学習に取り組む態度」の評価

「図形と計量」（数学Ⅰ）

　数学Ⅰ「図形と計量」の単元を例として，「単元の目標や単元の評価規準の設定」から，「指導と評価の計画の作成」，「観点別学習状況の評価の進め方」，「単元における観点別学習状況の評価の総括」に至る流れを示した事例である。三つの観点の評価の進め方については具体的な場面を取り上げて簡潔に示し，単元における総括の進め方については複数の方法を例示している。

　また，「思考・判断・表現」及び「主体的に学習に取り組む態度」の評価についても具体的な事例を取り上げ参考とした。

　なお，本事例では，内容のまとまり「図形と計量」全体を単元とし，通常の単元を小単元としている。ただし，単元の事例として次ページの評価規準はP.64〜65の「図形と計量」の評価規準（例）の表現を少し替えている。

数学科　　事例（数学Ⅰ）

キーワード　指導と評価の計画から評価の総括まで，「主体的に学習に取り組む態度」の評価

単元名	内容のまとまり
図形と計量	(2)図形と計量

第3編
事　例

1　単元の目標

(1) 三角比についての基本的な概念や原理・法則を体系的に理解するとともに，三角比を用いて事象を数学化したり，数学的に解釈したり，数学的に表現・処理したりする技能を身に付ける。

(2) 三角比を活用して事象を論理的に考察する力，事象の本質や他の事象との関係を認識し統合的・発展的に考察する力，三角比の表現を用いて事象を簡潔・明瞭・的確に表現する力を身に付ける。

(3) 三角比について，数学のよさを認識し積極的に数学を活用しようとする態度，粘り強く考え数学的論拠に基づいて判断しようとする態度，問題解決の過程を振り返って評価・改善しようとする態度を身に付ける。

2　単元の評価規準

知識・技能	思考・判断・表現	主体的に学習に取り組む態度
①鋭角の三角比の意味と相互関係について理解している。 ②三角比を鈍角まで拡張する意義を理解し，鋭角の三角比の値を用いて鈍角の三角比を求める方法を理解している。 ③正弦定理や余弦定理について三角形の決定条件や三平方の定理と関連付けて理解し，三角形の辺の長さや角の大きさなどを求めることができる。	①図形の構成要素間の関係を三角比を用いて表現するとともに，定理や公式として導くことができる。 ②図形の構成要素間の関係に着目し，日常の事象や社会の事象などを数学的に捉え，問題を解決したり，解決の過程を振り返って事象の数学的な特徴や他の事象との関係を考察したりすることができる。	①三角比やそれに関わる定理・公式のよさを認識し，事象の考察や問題の解決に活用しようとしている。 ②三角比やそれに関わる定理や公式を導くことやそれらを活用した問題解決において，粘り強く考え，その過程を振り返って考察を深めたり評価・改善したりしようとしている。

3　指導と評価の計画（22時間）

　学習評価については，教師の指導改善や生徒の学習改善に生かすことが重要であり，指導と評価の計画を立てる段階から，評価場面や方法等を考えておくことが大切である。観点別学習状況の評価が適切に実施できるよう，日々の授業の中では生徒の学習状況を適宜把握して指導に生かすことに重点を置きつつ，「知識・技能」及び「思考・判断・表現」の評価の記録については，単元や題材等のまとまりの中で，それぞれの実現状況が把握できる段階で評価を行うなど評価場面の精選をすることが大切である。そこで，以下のとおり参考となるような指導と評価の計画を作成した。

本単元「図形と計量」を，四つの小単元と単元のまとめで構成し，それぞれの授業時間数を次のように定めた。

小単元等	授業時間数	
1．鋭角の三角比	4時間	
2．三角比の相互関係	3時間	
3．三角比の拡張	5時間	22時間
4．三角形への応用	9時間	
単元のまとめ	1時間	

各授業時間の指導のねらい，生徒の学習活動及び重点，評価方法等は次の表のとおりである。

時間	ねらい・学習活動	重点	記録	備考
1	・日常生活や社会の事象を考察することを通して，問題の解決に必要な直角三角形を見いだし，二つの辺の比の値に着目して，三角比の一つ（例えば正接）の意味を理解できるようにする。	知		知①：行動観察
2	・ある二つの辺の比に着目することで問題を解決した過程を振り返ることを通して，他の二つの辺の比の値に着目し，他の三角比（例えば正弦と余弦）の意味を理解できるようにする。	知		知①：行動観察
3	・直角三角形の辺の長さや角度について考察することを通して，三角比を用いて角の大きさや辺の長さを求めることができるようにする。	知		知①：行動観察
4	・日常生活や社会の事象を考察することを通して，問題の解決に必要な直角三角形を表現し，三角比を用いて処理することができるようにする。 ・小単元1の学習を振り返り，振り返りシートに記述することを通して，その後の学習を見通すことができるようにする。	知 態	○ ○	知①：小テスト 態①②：振り返りシート ※小テストの結果は指導等に生かす。
5	・三角比の表を考察することを通して，角度Aの三角比と（$90° - A$）の三角比の関係を見いだすことができるようにする。	知		知①：行動観察
6	・一つの三角比の値から他の三角比の値を求めることを通して，三角比の相互関係を見いだし，その公式を導けるようにする。	思		思①：行動観察
7	・三角比の相互関係を利用して，一つの三角比の値から他の三角比の値を求めることができる。 ・小単元2の学習を振り返り，振り返りシートに記述することを通して，その後の学習を見通すことができるようにする。	知 態	○ ○	知①：小テスト 態①②：振り返りシート
8	・これまで鋭角の三角比について考えてきたことを振り返り，鈍角の三角比について考察することを通して，鈍角の三角比の定義や，三角比を鈍角まで拡張する意義を理解できるようにする。	知		知②：行動観察

9	・鈍角の三角比の定義を単位円に適用することを通して，0°, 90°, 180°の三角比の値を求めたり，0°≦θ≦180°の正弦・余弦の値から角の大きさを求めたりできるようにする。	知		知②：行動観察
10	・単位円を利用して0°≦θ≦180°の正接の値から角の大きさを求めることができるようにする。	知	○	知②：小テスト
11	・鋭角の三角比において成り立っていた相互関係が鈍角の三角比においても成り立つか考察することを通して，三角比の相互関係について理解したり，一つの三角比の値から他の三角比の値を求めたりできるようにする。	知		知②：行動観察
12	・鋭角の三角比において角度Aの三角比と角度（90°−A）の三角比に関係があったことを振り返ることを通して，鈍角まで拡張すると角度Aの三角比と角度（180°−A）の三角比に関係があることを見いだし，その関係を導くことができるようにする。	思	○	思①：行動観察
	・小単元3の学習を振り返り，振り返りシートに記述することを通して，その後の学習を見通すことができるようにする。	態	○	態①②：ノート・小単元の振り返りシート
13	・三角比を用いて三角形の辺や角の間に成り立つ関係を考察することを通して，三角形における三つの角と正弦の値との関係に着目し，正弦定理を導くことができるようにする。	思		思①：行動観察
14	・三角形の決定条件から1辺と2角が分かっている三角形はただ一つに決まることを振り返り，正弦定理を利用して他の辺や外接円の半径を求められるようにする。	知		知③：行動観察
15	・三角形の決定条件から2辺とその間の角が分かっている三角形はただ一つに決まることを振り返り，もう一つの辺を求めることを通して，余弦定理を導くことができるようにする。	思		思①：行動観察
16	・三角形の決定条件から3辺が分かっている三角形はただ一つに決まることを振り返り，一つの角を求めることを通して，余弦定理を変形した式を導き，利用できるようにする。	思		思①：行動観察
17	・正弦定理や余弦定理を利用して，三角形の辺の長さや角の大きさをすべて決定できるようにする。	知		知③：行動観察
18	・余弦定理を利用して辺の長さを求めることを振り返り，決定条件を満たさない三角形について考察を深めたり評価・改善したりしようとする態度を養う。	思	○	思②・行動観察，ノート
		態	○	態②：行動観察，ノート
19	・正弦定理や余弦定理を利用して三角形の辺の長さや角の大きさを求めてきたことを振り返り，まだ考察していない量として面積に着目し，三角形の面積の公式を導くことができるようにする。	知		知③：行動観察
20	・日常生活や社会の事象の中でも空間に関わる事象を考察することを通して，問題の解決に必要な三角形を見いだし，三角	思		思②：行動観察
		態		態①：ノート

	比や正弦定理，余弦定理を活用して問題を解決できるようにする。			
21	・空間図形の考察に三角比や正弦定理，余弦定理を活用して問題を解決できるようにする。 ・小単元4までの学習を振り返って，振り返りシートに分かったことや疑問，問題の解決に有効であった方法などを記述することを通して，学習の成果を実感できるようにする。	思 態	○ ○	思②：小テスト 態①②：振り返りシート
22	・単元全体の学習内容についてのテストに取り組み，単元で学習したことがどの程度身に付いているかを自己評価することができるようにする。	知 思	○ ○	知①～③：単元テスト 思①②：単元テスト

表中の「重点」は，重点的に生徒の学習状況を見取る観点を示しており，観点の略称は以下の通り。

知識・技能…「知」　　思考・判断・表現…「思」　　主体的に学習に取り組む態度…「態」

なお，重点としていない観点についても，生徒の学習状況を評価し，教師の指導改善や生徒の学習改善に生かすことは重要である。

また，「記録」は，評価規準に照らして，「十分満足できる」状況（A），「おおむね満足できる」状況（B），「努力を要する」状況（C）のいずれであるか判断し，全員の学習状況を記録に残すものに○を付している。

さらに「備考」には，生徒の学習状況を把握するために想定される評価方法を次のように示している。

・行動観察：授業中に机間指導等を通じて捉えた生徒の学習への取組の様子，発言やつぶやきの内容，ノートの記述内容などに基づいて評価する。
・ノート　：授業後に生徒のノートやワークシート，レポート等を回収し，その記述の内容に基づいて評価する。
・小テスト：授業中に5～10分程度の小テストを実施して回収し，その結果に基づいて評価する。

4　観点別学習状況の評価の進め方
（1）知識・技能

「知識・技能」の評価は，学習の過程を通した知識及び技能の習得状況について評価を行うとともに，それらを既有の知識及び技能と関連付けたり活用したりする中で，他の学習や生活の場面でも活用できる程度に概念等を理解したり，技能を習得したりしているかについて評価するものである。また，高等学校数学科においては，数学における基本的な概念や原理・法則を体系的に理解しているかどうか，さらに，事象を数学化したり，数学的に解釈したり，数学的に表現・処理したりする技能を身に付けているかどうかについて評価する。生徒の学習状況を見取る中で，評価規準に照らして，「努力を要する」状況（C）になりそうな生徒を見いだし，「おおむね満足できる」状況（B）となるよう適切に指導することが重要である。

ペーパーテストを用いて評価を行う際には，事実的な知識の習得を問う問題と，知識の概念的な理解を問う問題とのバランスに配慮するなどの工夫改善を図るようにする。そのため，生徒が文章によ

る説明をしたり，式やグラフで表したりする場面を設けることなどが考えられる。例えば，本単元の小単元1「鋭角の三角比」においては，単元の評価規準（知①）のうち「鋭角の三角比の意味について理解している」ことについて，次のような評価の方法が考えられる。

（ⅰ）第3時までに，例えば階段の踏面と蹴上げから傾斜について考察することを通して，直角三角形の辺と角の大きさの間の関係として三角比を導入し，三角比の意味を知るとともに，三角比やその表を用いて角の大きさや辺の長さを求めることができるようにする場面を設ける。

（ⅱ）第4時に，例えばスキー場のリフトの傾斜など，再び日常生活や社会の事象を考察することを通して，問題の解決に必要な直角三角形を見いだし，三角比を用いて処理することを扱う。この授業の最後に，次の問題で小テストを実施する。

> 　世界で最も急な坂を走る鉄道はスイスの登山鉄道で，水平距離1000mに対して，高さは約480m高くなるという。紗和さんは，この坂の角度がおよそ何度かを調べるため，下のような図をかいて，角 θ の大きさを次のようにして求めた。
>
>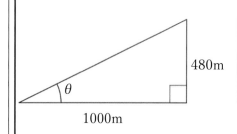
>
> 480m
>
> 1000m
>
> **紗和さんの考え**
> 　図の直角三角形において，$\boxed{①} = \dfrac{480}{1000} = 0.48$ なので，θ の大きさは，三角比の表を用いておよそ $\boxed{②}$ 度である。
>
> 次の問いに答えなさい。
> (1) 下のアからカのうち，$\boxed{①}$ にあてはまる最も適切なものはどれか。その記号を書きなさい。
> 　　ア　$\sin\theta$　　イ　$\cos\theta$　　ウ　$\tan\theta$　　エ　$\dfrac{1}{\sin\theta}$　　オ　$\dfrac{1}{\cos\theta}$　　カ　$\dfrac{1}{\tan\theta}$
> (2) $\boxed{②}$ にあてはまる θ の大きさに最も近い整数値を，三角比の表を用いて求め，その値を書きなさい。
> (3) スイスの登山鉄道の実際の水平距離は1000mより長い。それでも $\dfrac{480}{1000}$ という数値を使って角 θ の大きさを求めてよいのはなぜだろうか。理由を簡潔に説明しなさい。

（ⅲ）小テストを回収し，まず(1)において「ウ」と答えることができているかどうかで，鋭角の三角比の定義を理解できているかを評価する。「ウ」と答えられない生徒には，正接・正弦・余弦の定義を第1時・第2時のノートや教科書を見直して確認し，それぞれの定義についての知識を身に付けられるようにする。次に(2)において，仮に(1)が誤答であっても，(1)に応じて θ を求められているかどうかで，三角比の値から角度を求めることができているかを評価する。(1)とセットで見ても(2)が適切な値でない生徒には，直角三角形では三角比の値が決まれば角度が一つに決まることや三角比の表の読み取り方について，第3時のノートや教科書を見直して確認するように促し，三角比の値から角度を正しく求められるようにする。最後に(3)において，「一つの鋭角が一定である直角三角形は全て相似で，辺の長さの比は三角形の大きさに関わらず一定であるから（逆に辺の比の値がわかれば角度を求められる）」といった記述がで

きているかどうかで，三角比の意味を理解しているかを評価する。(3)が無答であったり，「一つの鋭角が一定である直角三角形は全て相似であること」や「辺の長さの比は三角形の大きさに関わらず一定であること」のどちらの記述もなされていなかったりする生徒に対しては，そもそもなぜ三角比を定義できるのかについて第1時・第2時のノートや教科書を見直して確認するように促し，三角比の定義が三角形の相似に基づいてなされていることを理解できるようにする。

また，本単元の小単元3「三角比の拡張」においては，単元の評価規準（知②）の「三角比を鈍角まで拡張する意義を理解し，鋭角の三角比の値を用いて鈍角の三角比を求める方法を理解している。」について，例えば，次のような評価の方法が考えられる。

（ⅰ）第8時に，鋭角の三角比の定義を踏まえて鈍角の三角比をどのように定義すればよいかについて考察する。例えば，座標平面の第1象限において，原点を一方の端点とする長さrの線分OPがあり，線分OPとx軸とのなす角がθのとき点Pの座標が$(r\cos\theta, r\sin\theta)$と表されることに着目し，$\theta$が鈍角になった場合でも点Pの座標が$(r\cos\theta, r\sin\theta)$と表されるようにするためには，鈍角の正弦や余弦をどのように定めればよいかについて考察することが考えられる。また，第9時や第10時には，鈍角の三角比を求めたり，単位円を利用して0°，90°，180°の三角比の値や，$0° \leqq \theta \leqq 180°$である角$\theta$についての三角比の値から角度を求めたりできるようにする。

（ⅱ）第10時の最後に，次の問題で小テストを実施する。

> (1)第8時では，鋭角の三角比の定義を振り返ることを通して，三角比の定義を鈍角まで拡張した。その際の，拡張したときの考え方を説明しなさい。
> (2)次の三角比の値を求めなさい。必要なら三角比の表を用いなさい。
> 　　① $\sin 150°$　　　② $\tan 150°$　　　③ $\cos 180°$　　　④ $\cos 110°$
> (3) $0° \leqq \theta \leqq 180°$のとき，$\sin\theta = \dfrac{1}{2}$を満たす角$\theta$を求めなさい。

（ⅲ）小テストを回収し，拡張の考え方を理解しているかどうかについては(1)で，鈍角や0°，90°，180°の三角比の値を求めたり，$0° \leqq \theta \leqq 180°$の三角比の値から角度を求めたりすることができるかどうかについては(2)，(3)で評価する。(1)の記述は第8時の活動に即したものが書かれていればよいが，この考え方を抽象的に述べると「狭い集合で成り立っていたことがらがより広い集合でも成り立つように対象の意味を定義する」ということになる。これは「数学Ⅱ」での指数の拡張などでも使う考え方である。(1)が書けていない生徒には，第8時の活動を振り返り，鈍角の三角比の定義自体よりその定義の出どころに着目するよう促して，三角比を拡張したときの考え方を理解できるようにする。また，(2)，(3)ができていない生徒には，鈍角の三角比の定義や単位円の周上で角θによって定まる点Pの座標が$(\cos\theta, \sin\theta)$になることの理解を促し，$\sin\theta = \dfrac{1}{2}$を満たす$\theta$が2つあることなどを確認して，三角比の値や角度を求めることができるようにする。

知識と技能は密接に関わっているが，評価を行う際には，学習内容と照らした上で，上記のように小問に分けて分析的に行うことが考えられる。また，小テストなどによる「知識・技能」の観点の評

価については、「〇問中，□問正答できればおおむね満足」というように量的に評価するのではなく，問題を工夫して「ある事柄が理解できているかどうか」など質的に評価することが大切である。

（2）思考・判断・表現

「思考・判断・表現」の評価は，知識及び技能を活用して課題を解決するなどのために必要な思考力，判断力，表現力等を身に付けているかどうかを評価するものである。高等学校数学科においては，数学を活用して事象を論理的に考察する力，事象の本質や他の事象との関係を認識し統合的・発展的に考察する力，数学的な表現を用いて事象を簡潔・明瞭・的確に表現する力を身に付けているかどうかについて評価する。評価規準に照らして，「努力を要する」状況（C）になりそうな生徒を見いだし，「おおむね満足できる」状況（B）となるよう適切な指導をすることが大切である。また，生徒の優れた思考や判断が現れている状況を捉え，「十分満足できる」状況（A）にあると判断できる生徒を把握し，必要に応じて総括するための資料に反映させることも考えられる。

評価を行う際には，指導とのバランスに配慮するとともに，総括するための資料として記録に残す適切な場面を明確にして精選する必要がある。

単元や小単元のまとめになる場面での記録に残す評価として，例えば，本単元の小単元3「三角形への応用」の終末部分（第20，21時）においては，単元の評価規準「図形の構成要素間の関係に着目し，日常の事象や社会の事象などを数学的に捉え，問題を解決したり，解決の過程を振り返って事象の数学的な特徴や他の事象との関係を考察したりすることができる。」（思②）について，次のような評価の方法が考えられる。

(ⅰ) 第20時で，例えば次のような問題を取り上げ，日常生活や社会の事象の中でも空間に関わる事象において問題の解決に必要な三角形を見いだし，正弦定理を活用して問題を解決する方法について理解できるよう指導する。

滝の落差は直接，測定するのが難しく，未だに落差が不明な滝もある。登山が好きな高平（しょうへい）さんは登山途中に，ある滝を見つけ，落差の測定を試みた。

いま，橋の端のA地点から滝の落口を見上げた角度を測ったら55°だった。橋のもう一方の端のB地点をうまく利用して，滝の落差を測ることができないだろうか。

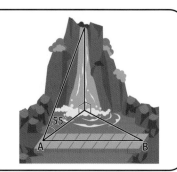

(ⅱ) 上記(ⅰ)の指導を基に，第21時に次の問題で小テストを実施する。

右の図の2地点A，Bは同じ標高である。
いま，山頂Cと地点Aとの標高差を求めたい。
(1)標高差を求めるためには，どんな角度や長さを調べておく必要があるかを答えなさい。
(2)(1)であげた角度や長さを各自設定し，そのときの標高差を求めなさい。

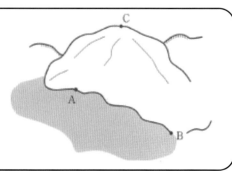

（iii）小テストを回収し，日常の事象において問題の解決に必要な三角形を見いだし，正弦定理を活用して問題を解決できているかを評価する。具体的には，（ii）の小テストで，まず，標高差を求めるにあたって必要な三角形を見いだし，調べるべき角度や長さに着目できているかどうかを(1)で評価する。三角形を見いだしていない生徒や調べるべき角度や長さに着目できていない生徒に対しては，第 20 時の問題解決を振り返り，問題状況を単純化・理想化して三角形で捉えることを改めて指導したり，正弦定理を活用した（できた）理由を改めて考察させたりする。そのような指導によって，日常生活や社会の事象の中でも空間に関わる事象において問題の解決に必要な三角形を見いだし，正弦定理を活用して問題を解決できるようにする。

　また，上記と同じ評価規準「図形の構成要素間の関係に着目し，日常の事象や社会の事象などを数学的に捉え，問題を解決したり，解決の過程を振り返って事象の数学的な特徴や他の事象との関係を考察したりすることができる。」（思②）については，第 22 時の単元テスト（あるいは定期考査）において次のような評価の方法が考えられる。

（i）第 20 時の指導や第 21 時の小テストを通して，日常生活や社会の事象において問題の解決に必要な三角形を見いだし，その三角形について分かっていることから正弦定理や余弦定理を適切に活用して数学的に処理することが大切であることを理解できるよう指導する。

（ii）上記（i）の指導を基に，単元テスト問題の一つとして次のような出題を行う。

　ハンマー投げなどの陸上競技の投てき種目では，投げた距離の記録を，レーザー光線の反射を利用する「光波距離計」（図１）と「プリズム」（図２）を使って計測している。

画像提供：
セイコータイム
クリエーション
株式会社

図１　　　　　　　　　　図２（先端の拡大写真）

　例えば，ある陸上競技大会では，ハンマー投げの記録を図３のように計測している。

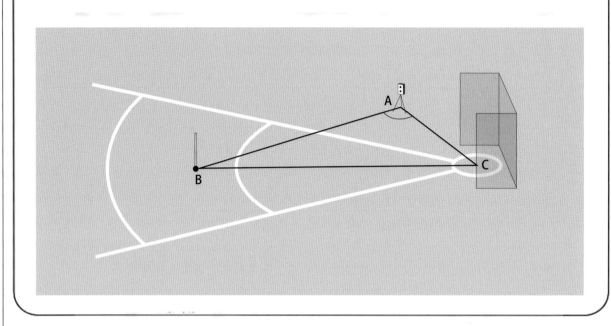

ある陸上競技大会での記録の計測方法

① 光波距離計を設置した地点を **A**，投てきサークル(円)の中心を **C** としたとき，**AC** 間の距離を測る．

② 記録を測定する地点を **B** としたとき，**B** にプリズムを立て，光波距離計を使って **AB** 間の距離と，∠**BAC** の大きさを測る．

　この陸上競技大会ではAC間の距離は10mである。ある選手の投げたハンマーが落ちた地点をBとするとき，AB間の距離が50m，∠BACが67°だった。この選手の記録は何mになるだろうか。三角比の表と平方表を用いて，この選手の記録に最も近い整数値を求めなさい。ただし，求める過程を記述すること。

（iii）単元テストの結果から，日常生活や社会の事象において問題の解決に必要な三角形を見いだし，余弦定理を活用して問題を解決できるかを評価する。具体的には，まず，△ABCに着目できているかどうかと，問題の条件から，AB，AC，∠BACが分かっていることを読み取れているかどうかで評価する。△ABCに着目できていない生徒に対しては，第20時において日常の事象において問題の解決に必要な三角形を見いだしたことにより，これまでに学習してきた定理を活用できたことを振り返ったり，分かっている情報（問題の条件）を抜き出すなど整理したりして，問題状況を単純化・理想化して三角形でとらえることができるようにする。次に，三角形の2辺とその間の角が分かっていることから余弦定理を活用しようとしているかどうかで評価する。余弦定理を活用しようとしていない生徒に対しては，第13時〜18時を振り返り，正弦定理や余弦定理が，三角形についてどんなことが分かっているときにそれぞれ有効であるかを改めて明確にするよう促し，決定条件と関連付けてそれぞれの定理を活用できるようにする。最後に，余弦定理を用いて適切に処理できているかどうか，求まった長さがこの選手の記録であると解釈できているかどうかで評価する。この処理を誤って現実的に考えづらい数値を答えとしている生徒に対しては，問題状況に照らしてその数値の意味を考えるよう促し，数学的に処理した結果を元の事象に戻してその意味を捉えられるようにする。

授業において日常の事象や社会の事象などを数学的に捉えて問題を解決することを扱ったにも関わらず，単元テストや定期考査でその活動の評価問題を出題しないと，生徒はその活動を軽視してしまうことが懸念される。したがって，単元テストや定期考査においても思考・判断・表現に関する評価問題を出題し，質的に分析していくことが大切である。時間的な制約などで単元テストや定期考査には出題しにくいのであれば，レポート課題にすることも考えられる。

レポート課題については，生徒の特性等を踏まえたうえで教科書の問題と関連付け発展的な課題を課すことも考えられる。例えば，円に内接する四角形の4辺の長さが与えられているとき，四角形の対角線の長さや面積を求める問題はよく章末問題等に取り上げられている。この問題に関連付け，「円に内接する四角形の4辺の長さをそれぞれ a, b, c, d とするとき，四角形の面積を a, b, c, d を用いて表しなさい。」という問題をレポート課題として課す。なお，この課題では「円に内接する四角形の性質と余弦定理を利用して四角形の一つの角及びその対角の大きさの正弦を辺の長さ a, b, c, d を用いて表し，それを用いて面積を表していれば「おおむね満足できる」状況（B）と評価してよい（整理された形でなくてもよい）」と考える。

（3）主体的に学習に取り組む態度

「主体的に学習に取り組む態度」の評価に際しては，単に継続的な行動や積極的な発言等を行うなど，性格や行動面の傾向を評価するということではなく，知識及び技能を獲得したり，思考力，判断力，表現力等を身に付けたりするために，自らの学習状況を把握し，学習の進め方について試行錯誤するなど自らの学習を調整しながら，学ぼうとしているかどうかという意思的な側面を評価することが重要である。高等学校数学科においては，数学のよさを認識し積極的に数学を活用しようとする態度，粘り強く考え数学的論拠に基づいて判断しようとする態度，問題解決の過程を振り返って考察を深めたり，評価・改善したりしようとする態度を身に付けているかどうかについて評価する。本観点の評価は，知識及び技能を習得させたり，思考力，判断力，表現力等を育成したりする場面に関わって行うものであり，その評価の結果を，知識及び技能の習得や思考力，判断力，表現力等の育成に関わる教師の指導や生徒の学習の改善にも生かすことによりバランスのとれた資質・能力の育成を図るという視点が重要である。すなわち，この観点のみを取り出して，例えば挙手の回数や毎時間ノートを取っているかなど，その形式的態度を評価することは適当ではなく，他の観点に関わる生徒の学習状況と照らし合わせながら学習や指導の改善を図ることが重要である。なお，「主体的に学習に取り組む態度」の評価に関しては，授業における指導者の受容的な態度（生徒の発言等を受け入れ，その発言等の背後にある生徒の考えや思いを慮る）が大切であることを述べておきたい。そのような指導者の受容的な態度の下で生徒は自分の考えや疑問，思いを自然と表出するからである。

本事例では，ある程度長い区切りの中で適切な頻度で評価するため，主に小単元等の区切りで評価場面を設定した。なお，学習活動を通して身に付けた態度を評価するため，単元や小単元等の導入で評価したり，単一の授業の冒頭で評価したりして記録に残すことは適切でない。

本単元の小単元4「三角形への応用」においては，単元の評価規準「三角比やそれに関わる定理や公式を導くことやそれらを活用した問題解決において，粘り強く考え，その過程を振り返って考察を深めたり評価・改善したりしようとしている。」（態②）について，例えば，次のような評価の方法が考えられる。ただし，以下の評価事例は，2次関数が既習であることを前提としている。

（i）第13〜17時では，正弦定理と余弦定理について，三角形の決定条件と関連付けて理解して
　　おくことが大切であることを指導する。

（ii）第18時では，次の問題を取り上げて数学的活動に取り組む機会を設ける。

> $\triangle \text{ABC}$において$b = \sqrt{7}$，$c = 3$，$B = 60°$のとき，aの値が2通りになることを確かめよう。
> なぜaの値が1通りに決まらないのかを，問題の条件から考えてみよう。
> また，$c = 3$と$B = 60°$が変わらなければ，bがどんな値であっても，aは2通りになるのだろうか。

　　その中で，$b = \sqrt{7}$のときに余弦定理を活用してaを求めた過程を振り返り，なぜaの値が1通りに決まらないのか，またbがどんな値であっても1通りに決まらないのかについて，図をかいて考えたり，余弦定理と2次方程式を関連付けたりして粘り強く考えることができているかを，行動観察やノート（ワークシート）への振り返りの記述から評価する。ノートへの振り返りの記述については，授業の最後に，自身の学びを振り返り，学習の過程や自分の考えの変化がよく分かるように書くよう指導するなど，生徒が自らの活動の過程を要約して表現することによって，自分の思考や行動を客観的に把握し認識すること（いわゆるメタ認知）を促す。

（iii）ノートを確認して，問題解決の過程を振り返って評価・改善しようとしているかを評価する。具体的には生徒の振り返りとして，例えば「bがどんな値であってもaは2通りになるかどうかは最初どう調べていいか全然わからなかった。だけど，途中で周囲の人と共有して，$b = \sqrt{7}$のときにaを求めたことをもとにすればよいことや，図をかいてイメージしてみるとよいことなどに気付き，最後には，aの2次方程式で調べる意味や，$3\cos 60°$とACの長さを比較する意図が分かった。難しかったが，これからも具体的に辺の長さを求めた場合を振り返ったり，周囲やクラスの人と協力したりすることで考えるきっかけを得ていきたい。」などの記述を捉えて評価する。記述することが苦手な生徒には個別に声をかけ，どのような過程で活動を進めていったのかなど，その状況を見取ることなどが考えられる。

　　ノート（ワークシート）への振り返りの記述に関しては，生徒はなかなかすぐに具体的に記述できるようになるわけではないし，単一の授業における記述だけを記録に残すことも適切ではない。したがって，本事例に限らず，授業で数学的活動を実践する際には常にノート（ワークシート）への振り返りの記述を行うようにしておくことが考えられる。例えば先に挙げた，三角比を鈍角まで拡張する一連の授業や，滝の落差を求める授業の終末に，一連の授業の振り返りを記述させるようにすることが考えられる。そこでは，数学のよさを認識し，事象の考察や問題の解決に数学を積極的に活用しようとしているかどうかや，問題解決の過程を振り返って考察を深めたり評価・改善したりしようとしているかについての記録を残すために，次のような「振り返りシート」を活用することも考えられる。このシートは，Ａ4サイズの左側には振り返る対象と振り返りの観点の例を提示しておき，生徒が振り返りの観点を自ら選択して右側に記述できるようにしたものである。生徒には，それまでの学習で

「最も大切だと思ったことやその理由」や「分からなかったことや課題として残ること」などを，ノートなどを開いて見直しながら記述させるようにする。

数学Ⅰ「図形と計量」振り返りシート

○今回振り返る対象
　第8時～12時「三角比の拡張」
　テーマ…「拡張」するときのアイデアは何だろうか？
　　　　　なぜ「拡張」するのだろうか？

○振り返りの観点（他に自分で設定してもよい）

● 最も大切だと思ったことは何か？なぜ，そう思ったか？
● 印象に残ったことは何か？なぜ，そう思ったか？
● どのようなことができるようになったか？
● わからなかったことや課題として残ることは何か？
● この探究を終えて次に考える「問い（問題）」は何か？
● 今までの学習とどんな関連があったか？

振り返り　　年　　組　　番　氏名

私がこの単元で最も衝撃を受けたのは．90°≦θ≦180°に三角比を拡張した時に「正弦定理や余弦定理を使えるように数値を設定し．定義を変える」という考え方です。かなり自分勝手というかご都合主義のような気もしましたが，一年生になったばかりで九九表(?)を負の数の域まで拡張した時も「正の数で得れた法則を負の数でも使えるように，負の数を決める」と言われたことを思い出しました。数学では定義から定理を導くだけでなく，定理が定義を変えることもあると知って驚きました。また、その分、その定義が拡張する前にも当てはまるかを確かめることが大切だということもわかりました。

鋭角の場合について正弦定理や余弦定理，三角形の面積の公式を取り扱った後に，それらが成り立つように鈍角の三角比へと拡張した授業に対する振り返りの事例

・過去に学習した「拡張」の経験を振り返って結び付け，「拡張」の考え方を理解しつつあることが期待できる。
・より広い範囲での定義が，より狭い範囲での定義を含む形になっていることを確かめることが大切であると明記しており，今後の「拡張」の機会に活かしていくことを期待できる。
以上のことから，態②に関する具体的な記述が読み取れると判断し，「十分満足できる」状況（A）と評価した。

また，前述の振り返りに加えて，小単元や単元の学習の後に自らの学びを振り返ってシートに記入する機会を設けて，前述の評価に加味するなど，多面的に評価することも考えられる。

例えば，「『指導と評価の一体化』のための学習評価に関する参考資料 中学校数学」P.49 に紹介されているような「学びの足跡」シートを活用したり，前述の「振り返りシート」を小単元の振り返りに活用したりすることが考えられる。いずれにせよ，小単元の学習の過程を振り返り，問題解決における三角比のよさなどを実感しているか，三角比に関連してこれから何について学びたいと思っているか，日常生活や社会において三角比について学んだことを生かそうとしているかなどについて評価し，各生徒への指導に生かしたり次の小単元の指導展開に生かしたりしていくとともに，必要に応じて総括するための資料として記録に残していくことが必要である。

なお，生徒が記述する内容や教師からの発問の文言，生徒が記述する文章量や時機など，シートの構成等については，生徒の実態に合わせて工夫することが大切である。

5　観点別学習状況の評価の総括

（1）基本的な考え方

観点別学習状況の評価は，生徒の学習の状況を把握することが目的であることを念頭に置き，各観点の実現状況が把握できる段階で記録した評価を基に単元における総括を進めていく。その際，それぞれの観点の特性に配慮するとともに，総括した結果をどのように活用するのかを念頭に置き，総括の方法を考えることが必要である。また，生徒が自己の学習状況の向上を目指して意欲的に学習に取り組めるよう導くことが大切である。

（2）記録に残した評価のまとめ

原則として，観点別学習状況の評価の単元における総括は，記録に残した評価を中心に実施する。記録に残した評価は，生徒にとって学習の成果としての評価が中心となっているが，学習の過程においても生徒の優れた状況を捉えるなどして単元における総括するための資料に加えることは大切である。したがって，ある授業場面で「十分満足できる」状況（A）にあると判断した生徒について，その具体的な場面と特記事項を必要に応じて記録に残し，単元における総括するための資料に反映させることも考えられる。

本単元については，例えば表1のような表を作り，各観点の評価の結果を整理することが考えられる。表1では，三つの観点名を「知」，「思」，「態」で略記している。

時		4		7		10		12		18		備考（生徒の様子に関する特記等）	単元の総括		
番	名前	知	態	知	態	知	思	態	思	態			知	思	態
1	国研　花子														
2	文科　太郎														
3															
4															

表1

（3）単元における総括の進め方

この**表1**に記入した資料を基に，各観点の評価の単元における総括を進めていくには，例えば，次のような方法が考えられる。

ア　数値で表して合計や平均値などを用いる方法

評価の結果を数値によって表し，数値から単元における総括を行う。例えば，A＝3，B＝2，C＝1を基本として換算し，観点ごとに単元全体の合計や平均値などを求め，その数値を基に，単元における総括としてのA，B，Cを定める。

イ　一番多い評価を用いる方法

最も数の多い記号がその単元における学習状況を最もよく表していると考えて，単元における総括を行う。例えば，単元全体でAが2回，Bが1回，Cが0回の観点については，単元における総括をAとする。

ウ　単元の後半の評価を重視する方法

生徒の学習は，指導の経過とともに深まったり高まったりすると考えて，単元における総括を行う。例えば，単元の指導の経過とともにC→B→B→Aと評価が変化した観点については，単元における総括をAとする。

ここに示した方法やそれ以外の方法で観点別学習状況の評価の単元における総括を進める場合，三つの観点を同じ方法で総括することは必ずしも必要ではなく，それぞれの観点の特性に配慮して総括の方法を定めることも考えられる。例えば，「主体的に学習に取り組む態度」の評価については，数学を生活や学習に生かそうとする態度，問題解決の過程を振り返って評価・改善しようとする態度，多様な考えを認め，よりよく問題解決しようとする態度が，意図的・計画的な指導を基にした学習の進行に伴って高まってくることや，今後の学習への動機付けなどに配慮すると，「ウ　単元の後半の評価を重視する方法」を取り入れることも考えられる。

（4）評価の補正

生徒の学習状況は指導とともに変化するものである。特に「知識・技能」については，最初に評価した段階では「努力を要する」状況（C）であっても，その後の学習を通じて単元の終盤やその後の単元までに「おおむね満足できる」状況（B）または「十分満足できる」状況（A）と判断される場合もある。こうした生徒の変化に対応するため，その後の単元での学習活動やレポート等の結果，単元末テストや定期考査の結果などを参考にして，これまでの評価結果を改めて見直して適切に補正し，評価を総括するための資料とすることも考えられる。

巻末資料

高等学校数学科における「内容のまとまりごとの評価規準（例）」

第1 数学Ⅰ
1 目標と評価の観点及びその趣旨

	(1)	(2)	(3)
目標	数と式，図形と計量，二次関数及びデータの分析についての基本的な概念や原理・法則を体系的に理解するとともに，事象を数学化したり，数学的に解釈したり，数学的に表現・処理したりする技能を身に付けるようにする。	命題の条件や結論に着目し，数や式を多面的にみたり目的に応じて適切に変形したりする力，図形の構成要素間の関係に着目し，図形の性質や計量について論理的に考察し表現する力，関数関係に着目し，事象を的確に表現してその特徴を表，式，グラフを相互に関連付けて考察する力，社会の事象などから設定した問題について，データの散らばりや変量間の関係などに着目し，適切な手法を選択して分析を行い，問題を解決したり，解決の過程や結果を批判的に考察し判断したりする力を養う。	数学のよさを認識し数学を活用しようとする態度，粘り強く考え数学的論拠に基づいて判断しようとする態度，問題解決の過程を振り返って考察を深めたり，評価・改善したりしようとする態度や創造性の基礎を養う。

（高等学校学習指導要領 P. 91）

観点	知識・技能	思考・判断・表現	主体的に学習に取り組む態度
趣旨	・数と式，図形と計量，二次関数及びデータの分析についての基本的な概念や原理・法則を体系的に理解している。 ・事象を数学化したり，数学的に解釈したり，数学的に表現・処理したりすることに関する技能を身に付けている。	命題の条件や結論に着目し，数や式を多面的にみたり目的に応じて適切に変形したりする力，図形の構成要素間の関係に着目し，図形の性質や計量について論理的に考察し表現する力，関数関係に着目し，事象を的確に表現してその特徴を表，式，グラフを相互に関連付けて考察する力，社会の事象などから設定した問題について，データの散らばりや変量間の関係などに着目し，適切な手法を選	・数学のよさを認識し数学を活用しようとしたり，粘り強く考え数学的論拠に基づき判断しようとしたりしている。 ・問題解決の過程を振り返って考察を深めたり，評価・改善したりしようとしている。

	択して分析を行い，問題を解決したり，解決の過程や結果を批判的に考察し判断したりする力を身に付けている。	

2　内容のまとまりごとの評価規準（例）

(1)　数と式

知識・技能	思考・判断・表現	主体的に学習に取り組む態度
・数を実数まで拡張する意義を理解するとともに，簡単な無理数の計算をすることができる。 ・集合と命題に関する基本的な概念を理解している。 ・二次の乗法公式や因数分解の公式を適切に用いて計算をすることができる。 ・不等式の解の意味や不等式の性質について理解するとともに，一次不等式の解を求めることができる。	・集合の考えを用いて命題を論理的に考察し，簡単な命題の証明をすることができる。 ・問題を解決する際に，既に学習した計算の方法と関連付けて，式を多面的に捉えたり目的に応じて適切に変形したりすることができる。 ・一次方程式を解く方法や不等式の性質を基に一次不等式を解く方法を考察することができる。 ・日常の事象や社会の事象などを数学的に捉え，一次不等式を問題解決に活用することができる。	・事象を数と式の考えを用いて考察するよさを認識し，問題解決にそれらを活用しようとしたり，粘り強く考え数学的論拠に基づき判断しようとしたりしている。 ・問題解決の過程を振り返って考察を深めたり，評価・改善したりしようとしている。

(2)　図形と計量

知識・技能	思考・判断・表現	主体的に学習に取り組む態度
・鋭角の三角比の意味と相互関係について理解している。 ・三角比を鈍角まで拡張する意義を理解している。 ・鋭角の三角比の値を用いて鈍角の三角比の値を求める方法を理解している。 ・正弦定理や余弦定理について三角形の決定条件や三平方の定理と関連付けて理解してい	・図形の構成要素間の関係を三角比を用いて表現し，定理や公式として導くことができる。 ・図形の構成要素間の関係に着目し，日常の事象や社会の事象などを数学的に捉え，問題を解決したり，解決の過程を振り返って事象の数学的な特徴や他の事象との関係を考察	・事象を図形と計量の考えを用いて考察するよさを認識し，問題解決にそれらを活用しようとしたり，粘り強く考え数学的論拠に基づき判断しようとしたりしている。 ・問題解決の過程を振り返って考察を深めたり，評価・改善したりしようとしている。

巻末資料

知識・技能	思考・判断・表現	主体的に学習に取り組む態度
る。 ・正弦定理や余弦定理などを用いて三角形の辺の長さや角の大きさなどを求めることができる。	したりすることができる。	

(3) 二次関数

知識・技能	思考・判断・表現	主体的に学習に取り組む態度
・二次関数の値の変化やグラフの特徴について理解している。 ・二次関数の最大値や最小値を求めることができる。 ・二次方程式の解と二次関数のグラフとの関係について理解している。 ・二次不等式の解と二次関数のグラフとの関係について理解し，二次関数のグラフを用いて二次不等式の解を求めることができる。	・二次関数の式とグラフとの関係について，コンピュータなどの情報機器を用いてグラフをかくなどして多面的に考察することができる。 ・二つの数量の関係に着目し，日常の事象や社会の事象などを数学的に捉え，問題を解決したり，解決の過程を振り返って事象の数学的な特徴や他の事象との関係を考察したりすることができる。	・事象を二次関数の考えを用いて考察するよさを認識し，問題解決にそれらを活用しようとしたり，粘り強く考え数学的論拠に基づき判断しようとしたりしている。 ・問題解決の過程を振り返って考察を深めたり，評価・改善したりしようとしている。

(4) データの分析

知識・技能	思考・判断・表現	主体的に学習に取り組む態度
・分散，標準偏差，散布図及び相関係数の意味やその用い方を理解している。 ・コンピュータなどの情報機器を用いるなどして，データを表やグラフに整理したり，分散や標準偏差などの基本的な統計量を求めたりすることができる。 ・具体的な事象において仮説検定の考え方を理解している。	・データの散らばり具合や傾向を数値化する方法を考察することができる。 ・目的に応じて複数の種類のデータを収集し，適切な統計量やグラフ，手法などを選択して分析を行い，データの傾向を把握して事象の特徴を表現することができる。 ・不確実な事象の起こりやすさに着目し，主張の妥当性について，実験などを通して判断したり，批判的に考察したりすることができる。	・事象をデータの分析の考えを用いて考察するよさを認識し，問題解決にそれらを活用しようとしたり，粘り強く考え数学的論拠に基づき判断しようとしたりしている。 ・問題解決の過程を振り返って考察を深めたり，評価・改善したりしようとしている。

巻末資料

第2 数学Ⅱ

1 目標と評価の観点及びその趣旨

	(1)	(2)	(3)
目標	いろいろな式，図形と方程式，指数関数・対数関数，三角関数及び微分・積分の考えについての基本的な概念や原理・法則を体系的に理解するとともに，事象を数学化したり，数学的に解釈したり，数学的に表現・処理したりする技能を身に付けるようにする。	数の範囲や式の性質に着目し，等式や不等式が成り立つことなどについて論理的に考察する力，座標平面上の図形について構成要素間の関係に着目し，方程式を用いて図形を簡潔・明瞭・的確に表現したり，図形の性質を論理的に考察したりする力，関数関係に着目し，事象を的確に表現してその特徴を数学的に考察する力，関数の局所的な変化に着目し，事象を数学的に考察したり，問題解決の過程や結果を振り返って統合的・発展的に考察したりする力を養う。	数学のよさを認識し数学を活用しようとする態度，粘り強く柔軟に考え数学的論拠に基づいて判断しようとする態度，問題解決の過程を振り返って考察を深めたり，評価・改善したりしようとする態度や創造性の基礎を養う。

（高等学校学習指導要領 P. 93）

観点	知識・技能	思考・判断・表現	主体的に学習に取り組む態度
趣旨	・いろいろな式，図形と方程式，指数関数・対数関数，三角関数及び微分・積分の考えについての基本的な概念や原理・法則を体系的に理解している。 ・事象を数学化したり，数学的に解釈したり，数学的に表現・処理したりすることに関する技能を身に付けている。	数の範囲や式の性質に着目し，等式や不等式が成り立つことなどについて論理的に考察する力，座標平面上の図形について構成要素間の関係に着目し，方程式を用いて図形を簡潔・明瞭・的確に表現したり，図形の性質を論理的に考察したりする力，関数関係に着目し，事象を的確に表現してその特徴を数学的に考察する力，関数の局所的な変化に着目し，事象を数学的に考察したり，問題解決の過程や結果を振り返って統合的・発展的に考察したりする力を身に付けている。	・数学のよさを認識し数学を活用しようとしたり，粘り強く柔軟に考え数学的論拠に基づき判断しようとしたりしている。 ・問題解決の過程を振り返って考察を深めたり，評価・改善したりしようとしている。

2　内容のまとまりごとの評価規準（例）

(1) いろいろな式

知識・技能	思考・判断・表現	主体的に学習に取り組む態度
・三次の乗法公式及び因数分解の公式を理解し，それらを用いて式の展開や因数分解をすることができる。 ・多項式の除法や分数式の四則計算の方法について理解し，簡単な場合について計算をすることができる。 ・数を複素数まで拡張する意義を理解し，複素数の四則計算をすることができる。 ・二次方程式の解の種類の判別及び解と係数の関係について理解している。 ・因数定理について理解し，簡単な高次方程式について因数定理などを用いてその解を求めることができる。	・式の計算の方法を既に学習した数や式の計算と関連付け多面的に考察することができる。 ・実数の性質や等式の性質，不等式の性質などを基に，等式や不等式が成り立つことを論理的に考察し，証明することができる。 ・日常の事象や社会の事象などを数学的に捉え，方程式を問題解決に活用することができる。	・事象をいろいろな式の考えを用いて考察するよさを認識し，問題解決にそれらを活用しようとしたり，粘り強く考え数学的論拠に基づき判断しようとしたりしている。 ・問題解決の過程を振り返って考察を深めたり，評価・改善したりしようとしている。

(2) 図形と方程式

知識・技能	思考・判断・表現	主体的に学習に取り組む態度
・座標を用いて，平面上の線分を内分する点，外分する点の位置や二点間の距離を表すことができる。 ・座標平面上の直線や円を方程式で表すことができる。 ・軌跡について理解し，簡単な場合について軌跡を求めることができる。 ・簡単な場合について，不等式の表す領域を求めたり領域を不等式で表したりすることができる。	・座標平面上の図形について構成要素間の関係に着目し，それを方程式を用いて表現し，図形の性質や位置関係について考察することができる。 ・数量と図形との関係などに着目し，日常の事象や社会の事象などを数学的に捉え，コンピュータなどの情報機器を用いて軌跡や不等式の表す領域を座標平面上に表すなどして，問題解決に活用したり，解決の過程を振り返って事象の数学的な特徴や他の事象との	・事象を図形と方程式の考えを用いて考察するよさを認識し，問題解決にそれらを活用しようとしたり，粘り強く考え数学的論拠に基づき判断しようとしたりしている。 ・問題解決の過程を振り返って考察を深めたり，評価・改善したりしようとしている。

巻末
資料

	関係を考察したりすることができる。	

(3) 指数関数・対数関数

知識・技能	思考・判断・表現	主体的に学習に取り組む態度
・指数を正の整数から有理数へ拡張する意義を理解し，指数法則を用いて数や式の計算をすることができる。 ・指数関数の値の変化やグラフの特徴について理解している。 ・対数の意味とその基本的な性質について理解し，簡単な対数の計算をすることができる。 ・対数関数の値の変化やグラフの特徴について理解している。	・指数と対数を相互に関連付けて考察することができる。 ・指数関数及び対数関数の式とグラフの関係について，多面的に考察することができる。 ・二つの数量の関係に着目し，日常の事象や社会の事象などを数学的に捉え，問題を解決したり，解決の過程を振り返って事象の数学的な特徴や他の事象との関係を考察したりすることができる。	・事象を指数関数・対数関数の考えを用いて考察するよさを認識し，問題解決にそれらを活用しようとしたり，粘り強く考え数学的論拠に基づき判断しようとしたりしている。 ・問題解決の過程を振り返って考察を深めたり，評価・改善したりしようとしている。

(4) 三角関数

知識・技能	思考・判断・表現	主体的に学習に取り組む態度
・角の概念を一般角まで拡張する意義や弧度法による角度の表し方について理解している。 ・三角関数の値の変化やグラフの特徴について理解している。 ・三角関数の相互関係などの基本的な性質を理解している。 ・三角関数の加法定理や2倍角の公式，三角関数の合成について理解している。	・三角関数に関する様々な性質について考察することができる。 ・三角関数の加法定理から新たな性質を導くことができる。 ・三角関数の式とグラフの関係について多面的に考察することができる。 ・二つの数量の関係に着目し，日常の事象や社会の事象などを数学的に捉え，問題を解決したり，解決の過程を振り返って事象の数学的な特徴や他の事象との関係を考察したりすることができる。	・事象を三角関数の考えを用いて考察するよさを認識し，問題解決にそれらを活用しようとしたり，粘り強く考え数学的論拠に基づき判断しようとしたりしている。 ・問題解決の過程を振り返って考察を深めたり，評価・改善したりしようとしている。

巻末資料

(5) 微分・積分の考え

知識・技能	思考・判断・表現	主体的に学習に取り組む態度
・微分係数や導関数の意味について理解し，関数の定数倍，和及び差の導関数を求めることができる。 ・導関数を用いて関数の値の増減や極大・極小を調べ，グラフの概形をかく方法を理解している。 ・不定積分及び定積分の意味について理解し，関数の定数倍，和及び差の不定積分や定積分の値を求めることができる。	・関数とその導関数との関係について考察することができる。 ・関数の局所的な変化に着目し，日常の事象や社会の事象などを数学的に捉え，問題を解決したり，解決の過程を振り返って事象の数学的な特徴や他の事象との関係を考察したりすることができる。 ・微分と積分の関係に着目し，積分の考えを用いて直線や関数のグラフで囲まれた図形の面積を求める方法について考察することができる。	・事象を微分・積分の考えを用いて考察するよさを認識し，問題解決にそれらを活用しようとしたり，粘り強く考え数学的論拠に基づき判断しようとしたりしている。 ・問題解決の過程を振り返って考察を深めたり，評価・改善したりしようとしている。

巻末
資料

第3　数学Ⅲ

1　目標と評価の観点及びその趣旨

	(1)	(2)	(3)
目標	極限，微分法及び積分法についての概念や原理・法則を体系的に理解するとともに，事象を数学化したり，数学的に解釈したり，数学的に表現・処理したりする技能を身に付けるようにする。	数列や関数の値の変化に着目し，極限について考察したり，関数関係をより深く捉えて事象を的確に表現し，数学的に考察したりする力，いろいろな関数の局所的な性質や大域的な性質に着目し，事象を数学的に考察したり，問題解決の過程や結果を振り返って統合的・発展的に考察したりする力を養う。	数学のよさを認識し積極的に数学を活用しようとする態度，粘り強く柔軟に考え数学的論拠に基づいて判断しようとする態度，問題解決の過程を振り返って考察を深めたり，評価・改善したりしようとする態度や創造性の基礎を養う。

（高等学校学習指導要領 P.95，96）

観点	知識・技能	思考・判断・表現	主体的に学習に取り組む態度
趣旨	・極限，微分法及び積分法についての概念や原理・法則を体系的に理解している。 ・事象を数学化したり，数学的に解釈したり，数学的に表現・処理したりすることに関する技能を身に付けている。	数列や関数の値の変化に着目し，極限について考察したり，関数関係をより深く捉えて事象を的確に表現し，数学的に考察したりする力，いろいろな関数の局所的な性質や大域的な性質に着目し，事象を数学的に考察したり，問題解決の過程や結果を振り返って統合的・発展的に考察したりする力を身に付けている。	・数学のよさを認識し積極的に数学を活用しようとしたり，粘り強く柔軟に考え数学的論拠に基づき判断しようとしたりしている。 ・問題解決の過程を振り返って考察を深めたり，評価・改善したりしようとしている。

2　内容のまとまりごとの評価規準（例）

(1) 極限

知識・技能	思考・判断・表現	主体的に学習に取り組む態度
・数列の極限について理解し，数列 $\{r^n\}$ の極限などを基に簡単な数列の極限を求めることができる。 ・無限級数の収束，発散について理解し，無限等比級数などの	・式を多面的に捉えたり目的に応じて適切に変形したりして，極限を求める方法を考察することができる。 ・既に学習した関数の性質と関連付けて，簡単な分数関数と	・事象を極限の考えを用いて考察するよさを認識し，問題解決にそれらを積極的に活用しようとしたり，粘り強く考え数学的論拠に基づき判断しようとしたりしている。

| 簡単な無限級数の和を求めることができる。 ・簡単な分数関数と無理関数の値の変化やグラフの特徴について理解することができる。 ・合成関数や逆関数の意味を理解し，簡単な場合についてそれらを求めることができる。 ・関数の値の極限について理解している。 | 無理関数のグラフの特徴を多面的に考察することができる。 ・数列や関数の値の極限に着目し，事象を数学的に捉え，コンピュータなどの情報機器を用いて極限を調べるなどして，問題を解決したり，解決の過程を振り返って事象の数学的な特徴や他の事象との関係を考察したりすることができる。 | ・問題解決の過程を振り返って考察を深めたり，評価・改善したりしようとしている。 |

(2) 微分法

知識・技能	思考・判断・表現	主体的に学習に取り組む態度
・微分可能性，関数の積及び商の導関数について理解し，関数の和，差，積及び商の導関数を求めることができる。 ・合成関数の導関数について理解し，それを求めることができる。 ・三角関数，指数関数及び対数関数の導関数について理解し，それらを求めることができる。 ・導関数を用いて，いろいろな曲線の接線の方程式を求めたり，いろいろな関数の値の増減，極大・極小，グラフの凹凸などを調べグラフの概形をかいたりすることができる。	・導関数の定義に基づき，三角関数，指数関数及び対数関数の導関数を考察することができる。 ・関数の連続性と微分可能性，関数とその導関数や第二次導関数の関係について考察することができる。 ・関数の局所的な変化や大域的な変化に着目し，事象を数学的に捉え，問題を解決したり，解決の過程を振り返って事象の数学的な特徴や他の事象との関係を考察したりすることができる。	・事象を微分法の考えを用いて考察するよさを認識し，問題解決にそれらを積極的に活用しようとしたり，粘り強く考え数学的論拠に基づき判断しようとしたりしている。 ・問題解決の過程を振り返って考察を深めたり，評価・改善したりしようとしている。

(3) 積分法

知識・技能	思考・判断・表現	主体的に学習に取り組む態度
・不定積分及び定積分の基本的な性質についての理解を深め，それらを用いて不定積分や定積分を求めることができ	・関数の式を多面的にみたり目的に応じて適切に変形したりして，いろいろな関数の不定積分や定積分を求める方法に	・事象を積分法の考えを用いて考察するよさを認識し，問題解決にそれらを積極的に活用しようとしたり，粘り強く考

る。 ・置換積分法及び部分積分法について理解し，簡単な場合について，それらを用いて不定積分や定積分を求めることができる。 ・定積分を利用して，いろいろな曲線で囲まれた図形の面積や立体の体積及び曲線の長さなどを求めることができる。	ついて考察することができる。 ・極限や定積分の考えを基に，立体の体積や曲線の長さなどを求める方法について考察することができる。 ・微分と積分との関係に着目し，事象を数学的に捉え，問題を解決したり，解決の過程を振り返って事象の数学的な特徴や他の事象との関係を考察したりすることができる。	え数学的論拠に基づき判断しようとしたりしている。 ・問題解決の過程を振り返って考察を深めたり，評価・改善したりしようとしている。

第4 数学A

1 目標と評価の観点及びその趣旨

	(1)	(2)	(3)
目標	図形の性質, 場合の数と確率についての基本的な概念や原理・法則を体系的に理解するとともに, 数学と人間の活動の関係について認識を深め, 事象を数学化したり, 数学的に解釈したり, 数学的に表現・処理したりする技能を身に付けるようにする。	図形の構成要素間の関係などに着目し, 図形の性質を見いだし, 論理的に考察する力, 不確実な事象に着目し, 確率の性質などに基づいて事象の起こりやすさを判断する力, 数学と人間の活動との関わりに着目し, 事象に数学の構造を見いだし, 数理的に考察する力を養う。	数学のよさを認識し数学を活用しようとする態度, 粘り強く考え数学的論拠に基づいて判断しようとする態度, 問題解決の過程を振り返って考察を深めたり, 評価・改善したりしようとする態度や創造性の基礎を養う。

(高等学校学習指導要領 P. 97)

巻末
資料

観点	知識・技能	思考・判断・表現	主体的に学習に取り組む態度
趣旨	・図形の性質, 場合の数と確率についての基本的な概念や原理・法則を体系的に理解している。 ・数学と人間の活動の関係について認識を深めている。 ・事象を数学化したり, 数学的に解釈したり, 数学的に表現・処理したりすることに関する技能を身に付けている。	図形の構成要素間の関係などに着目し, 図形の性質を見いだし, 論理的に考察する力, 不確実な事象に着目し, 確率の性質などに基づいて事象の起こりやすさを判断する力, 数学と人間の活動との関わりに着目し, 事象に数学の構造を見いだし, 数理的に考察する力を身に付けている。	・数学のよさを認識し数学を活用しようとしたり, 粘り強く考え数学的論拠に基づき判断しようとしたりしている。 ・問題解決の過程を振り返って考察を深めたり, 評価・改善したりしようとしている。

2 内容のまとまりごとの評価規準 (例)

(1) 図形の性質

知識・技能	思考・判断・表現	主体的に学習に取り組む態度
・三角形に関する基本的な性質について理解している。 ・円に関する基本的な性質について理解している。 ・空間図形に関する基本的な性質について理解している。	・図形の構成要素間の関係や既に学習した図形の性質に着目し, 図形の新たな性質を見いだし, その性質について論理的に考察したり説明したりすることができる。 ・コンピュータなどの情報機器を用いて図形を表すなどし	・事象を図形の性質の考えを用いて考察するよさを認識し, 問題解決にそれらを活用しようとしたり, 粘り強く考え数学的論拠に基づき判断しようとしたりしている。 ・問題解決の過程を振り返って考察を深めたり, 評価・改善し

	て，図形の性質や作図について統合的・発展的に考察することができる。	たりしようとしている。

(2) 場合の数と確率

知識・技能	思考・判断・表現	主体的に学習に取り組む態度
・集合の要素の個数に関する基本的な関係や和の法則，積の法則などの数え上げの原則について理解している。 ・具体的な事象を基に順列及び組合せの意味を理解し，順列の総数や組合せの総数を求めることができる。 ・確率の意味や基本的な法則についての理解を深め，それらを用いて事象の確率や期待値を求めることができる。 ・独立な試行の意味を理解し，独立な試行の確率を求めることができる。 ・条件付き確率の意味を理解し，簡単な場合について条件付き確率を求めることができる。	・事象の構造などに着目し，場合の数を求める方法を多面的に考察することができる。 ・確率の性質や法則に着目し，確率を求める方法を多面的に考察することができる。 ・確率の性質などに基づいて事象の起こりやすさを判断したり，期待値を意思決定に活用したりすることができる。	・事象を場合の数や確率の考えを用いて考察するよさを認識し，問題解決にそれらを活用しようとしたり，粘り強く考え数学的論拠に基づき判断しようとしたりしている。 ・問題解決の過程を振り返って考察を深めたり，評価・改善したりしようとしている。

(3) 数学と人間の活動

知識・技能	思考・判断・表現	主体的に学習に取り組む態度
・数量や図形に関する概念などと人間の活動の関わりについて理解している。 ・数学史的な話題，数理的なゲームやパズルなどを通して，数学と文化との関わりについて理解している。	・数量や図形に関する概念などを，関心に基づいて発展させ考察することができる。 ・パズルなどに数学的な要素を見いだし，目的に応じて数学を活用して考察することができる。	・人間の活動における数学のよさを認識し，様々な場面で数学を活用しようとしたり，粘り強く考え数学的論拠に基づき判断しようとしたりしている。 ・問題解決の過程を振り返って考察を深めたり，評価・改善したりしようとしている。

第5　数学B

1　目標と評価の観点及びその趣旨

	(1)	(2)	(3)
目標	数列，統計的な推測についての基本的な概念や原理・法則を体系的に理解するとともに，数学と社会生活との関わりについて認識を深め，事象を数学化したり，数学的に解釈したり，数学的に表現・処理したりする技能を身に付けるようにする。	離散的な変化の規則性に着目し，事象を数学的に表現し考察する力，確率分布や標本分布の性質に着目し，母集団の傾向を推測し判断したり，標本調査の方法や結果を批判的に考察したりする力，日常の事象や社会の事象を数学化し，問題を解決したり，解決の過程や結果を振り返って考察したりする力を養う。	数学のよさを認識し数学を活用しようとする態度，粘り強く柔軟に考え数学的論拠に基づいて判断しようとする態度，問題解決の過程を振り返って考察を深めたり，評価・改善したりしようとする態度や創造性の基礎を養う。

(高等学校学習指導要領 P.99)

観点	知識・技能	思考・判断・表現	主体的に学習に取り組む態度
趣旨	・数列，統計的な推測についての基本的な概念や原理・法則を体系的に理解している。 ・数学と社会生活との関わりについて認識を深めている。 ・事象を数学化したり，数学的に解釈したり，数学的に表現・処理したりすることに関する技能を身に付けている。	離散的な変化の規則性に着目し，事象を数学的に表現し考察する力，確率分布や標本分布の性質に着目し，母集団の傾向を推測し判断したり，標本調査の方法や結果を批判的に考察したりする力，日常の事象や社会の事象を数学化し，問題を解決したり，解決の過程や結果を振り返って考察したりする力を身に付けている。	・数学のよさを認識し積極的に数学を活用しようとしたり，粘り強く柔軟に考え数学的論拠に基づき判断しようとしたりしている。 ・問題解決の過程を振り返って考察を深めたり，評価・改善したりしようとしている。

2　内容のまとまりごとの評価規準（例）

(1) 数列

知識・技能	思考・判断・表現	主体的に学習に取り組む態度
・等差数列と等比数列について理解し，それらの一般項や和を求めることができる。 ・いろいろな数列の一般項や和を求める方法について理解し	・事象から離散的な変化を見いだし，それらの変化の規則性を数学的に表現し考察することができる。 ・事象の再帰的な関係に着目し，	・事象を数列の考えを用いて考察するよさを認識し，問題解決にそれらを活用しようとしたり，粘り強く考え数学的論拠に基づき判断しようとした

知識・技能	思考・判断・表現	主体的に学習に取り組む態度
ている。 ・漸化式について理解し，事象の変化を漸化式で表したり，簡単な漸化式で表された数列の一般項を求めたりすることができる。 ・数学的帰納法について理解している。	日常の事象や社会の事象などを数学的に捉え，数列の考えを問題解決に活用することができる。 ・自然数の性質を見いだし，それらを数学的帰納法を用いて証明するとともに，他の証明方法と比較し多面的に考察することができる。	りしている。 ・問題解決の過程を振り返って考察を深めたり，評価・改善したりしようとしている。

(2) 統計的な推測

知識・技能	思考・判断・表現	主体的に学習に取り組む態度
・標本調査の考え方について理解している。 ・確率変数と確率分布について理解している。 ・二項分布と正規分布の性質や特徴について理解している。 ・正規分布を用いた区間推定及び仮説検定の方法を理解している。	・確率分布や標本分布の特徴を，確率変数の平均，分散，標準偏差などを用いて考察することができる。 ・目的に応じて標本調査を設計し，収集したデータを基にコンピュータなどの情報機器を用いて処理するなどして，母集団の特徴や傾向を推測することができる。 ・標本調査の方法や結果を批判的に考察することができる。	・事象を統計的な推測の考えを用いて考察するよさを認識し，問題解決にそれらを活用しようとしたり，粘り強く考え数学的論拠に基づき判断しようとしたりしている。 ・問題解決の過程を振り返って考察を深めたり，評価・改善したりしようとしている。

(3) 数学と社会生活

知識・技能	思考・判断・表現	主体的に学習に取り組む態度
・社会生活などにおける問題を，数学を活用して解決する意義について理解している。 ・日常の事象や社会の事象などを数学化し，数理的に問題を解決する方法を知っている。	・日常の事象や社会の事象において，数・量・形やそれらの関係に着目し，理想化したり単純化したりして，問題を数学的に表現することができる。 ・数学化した問題の特徴を見いだし，解決することができる。 ・問題解決の過程や結果の妥当性について批判的に考察することができる。 ・解決過程を振り返り，そこで用	・日常の事象や社会の事象などを数学を用いて考察するよさを認識し，問題解決にそれらを活用しようとしたり，粘り強く考え数学的論拠に基づき判断しようとしたりしている。 ・問題解決の過程を振り返って考察を深めたり，評価・改善したりしようとしている。

	いた方法を一般化して，他の事象に活用することができる。	

第6 数学C

1 目標と評価の観点及びその趣旨

	(1)	(2)	(3)
目標	ベクトル，平面上の曲線と複素数平面についての基本的な概念や原理・法則を体系的に理解するとともに，数学的な表現の工夫について認識を深め，事象を数学化したり，数学的に解釈したり，数学的に表現・処理したりする技能を身に付けるようにする。	大きさと向きをもった量に着目し，演算法則やその図形的な意味を考察する力，図形や図形の構造に着目し，それらの性質を統合的・発展的に考察する力，数学的な表現を用いて事象を簡潔・明瞭・的確に表現する力を養う。	数学のよさを認識し数学を活用しようとする態度，粘り強く柔軟に考え数学的論拠に基づいて判断しようとする態度，問題解決の過程を振り返って考察を深めたり，評価・改善したりしようとする態度や創造性の基礎を養う。

（高等学校学習指導要領 P. 100，101）

観点	知識・技能	思考・判断・表現	主体的に学習に取り組む態度
趣旨	・ベクトル，平面上の曲線と複素数平面についての基本的な概念や原理・法則を体系的に理解している。 ・数学的な表現の工夫について認識を深めている。 ・事象を数学化したり，数学的に解釈したり，数学的に表現・処理したりすることに関する技能を身に付けている。	大きさと向きをもった量に着目し，演算法則やその図形的な意味を考察する力，図形や図形の構造に着目し，それらの性質を統合的・発展的に考察する力，数学的な表現を用いて事象を簡潔・明瞭・的確に表現する力を身に付けている。	・数学のよさを認識し積極的に数学を活用しようとしたり，粘り強く柔軟に考え数学的論拠に基づき判断しようとしたりしている。 ・問題解決の過程を振り返って考察を深めたり，評価・改善したりしようとしている。

2 内容のまとまりごとの評価規準（例）

(1) ベクトル

知識・技能	思考・判断・表現	主体的に学習に取り組む態度
・平面上のベクトルの意味，相等，和，差，実数倍，位置ベクトル，ベクトルの成分表示について理解している。 ・ベクトルの内積及びその基本的な性質について理解している。 ・座標及びベクトルの考えが平	・実数などの演算の法則と関連付けて，ベクトルの演算法則を考察することができる。 ・ベクトルやその内積の基本的な性質などを用いて，平面図形や空間図形の性質を見いだしたり，多面的に考察したりすることができる。	・事象をベクトルの考えを用いて考察するよさを認識し，問題解決にそれらを活用しようとしたり，粘り強く考え数学的論拠に基づき判断しようとしたりしている。 ・問題解決の過程を振り返って考察を深めたり，評価・改善し

巻末資料

	面から空間に拡張できること を理解している。	・数量や図形及びそれらの関係に 着目し，日常の事象や社会の事 象などを数学的に捉え，ベクト ルやその内積の考えを問題解 決に活用することができる。	たりしようとしている。

(2) 平面上の曲線と複素数平面

知識・技能	思考・判断・表現	主体的に学習に取り組む態度
・放物線，楕円，双曲線が二次式 で表されること及びそれらの 二次曲線の基本的な性質につ いて理解している。 ・曲線の媒介変数表示について 理解している。 ・極座標の意味及び曲線が極方 程式で表されることについて 理解している。 ・複素数平面と複素数の極形式， 複素数の実数倍，和，差，積及 び商の図形的な意味を理解し ている。 ・ド・モアブルの定理について理 解している。	・放物線，楕円，双曲線を相互に 関連付けて捉え，考察するこ とができる。 ・複素数平面における図形の移 動などと関連付けて，複素数 の演算や累乗根などの意味を 考察することができる。 ・日常の事象や社会の事象など を数学的に捉え，コンピュー タなどの情報機器を用いて曲 線を表すなどして，媒介変数 や極座標及び複素数平面の考 えを問題解決に活用したり， 解決の過程を振り返って事象 の数学的な特徴や他の事象と の関係を考察したりすること ができる。	・事象を平面上の曲線と複素数 平面の考えを用いて考察する よさを認識し，問題解決にそ れらを活用しようとしたり， 粘り強く考え数学的論拠に基 づき判断しようとしたりして いる。 ・問題解決の過程を振り返って 考察を深めたり，評価・改善し たりしようとしている。

(3) 数学的な表現の工夫

知識・技能	思考・判断・表現	主体的に学習に取り組む態度
・日常の事象や社会の事象など を，図，表，統計グラフなどを 用いて工夫して表現すること の意義を理解している。 ・日常の事象や社会の事象など を，離散グラフや行列を用い て工夫して表現することの意 義を理解している。	・図，表，統計グラフ，離散グラ フ及び行列などを用いて，日 常の事象や社会の事象などを 数学的に表現し，考察するこ とができる。	・日常の事象や社会の事象など を数学を用いて考察するよさ を認識し，問題解決にそれら を活用しようとしたり，粘り 強く考え数学的論拠に基づき 判断しようとしたりしてい る。 ・問題解決の過程を振り返って 考察を深めたり，評価・改善し たりしようとしている。

評価規準，評価方法等の工夫改善に関する調査研究について

令和 2 年 4 月 13 日　国立教育政策研究所長裁定
令和 2 年 6 月 25 日　一　　部　　改　　正

1　趣　　旨

　　学習評価については，中央教育審議会初等中等教育分科会教育課程部会において「児童生徒の学習評価の在り方について」（平成 31 年 1 月 21 日）の報告がまとめられ，新しい学習指導要領に対応した，各教科等の評価の観点及び評価の観点に関する考え方が示されたところである。

　　これを踏まえ，各小学校，中学校及び高等学校における児童生徒の学習の効果的，効率的な評価に資するため，教科等ごとに，評価規準，評価方法等の工夫改善に関する調査研究を行う。

2　調査研究事項

（1）評価規準及び当該規準を用いた評価方法に関する参考資料の作成

（2）学校における学習評価に関する取組についての情報収集

（3）上記（1）及び（2）に関連する事項

3　実施方法

　　調査研究に当たっては，教科等ごとに教育委員会関係者，教師及び学識経験者等を協力者として委嘱し，2 の事項について調査研究を行う。

4　庶　　務

　　この調査研究にかかる庶務は，教育課程研究センターにおいて処理する。

5　実施期間

　　令和 2 年 5 月 1 日〜令和 3 年 3 月 31 日

　　令和 3 年 4 月 16 日〜令和 4 年 3 月 31 日

評価規準，評価方法等の工夫改善に関する調査研究協力者（五十音順）

（職名は令和３年４月現在）

岩田　耕司　　　　　福岡教育大学准教授

歌川真一郎　　　　　神奈川県立川和高等学校教諭

小林　　廉　　　　　東京学芸大学附属国際中等教育学校教諭

丸橋　　覚　　　　　群馬県立太田高等学校長

吉田　明史　　　　　奈良学園大学教授

国立教育政策研究所においては，次の関係官が担当した。

長尾　篤志　　　　　国立教育政策研究所教育課程研究センター研究開発部教育課程調査官

この他，本書編集の全般にわたり，国立教育政策研究所において以下の者が担当した。

鈴木　敏之　　　　　国立教育政策研究所教育課程研究センター長
（令和２年７月１日から）
笹井　弘之　　　　　国立教育政策研究所教育課程研究センター長
（令和２年６月30日まで）
杉江　達也　　　　　国立教育政策研究所教育課程研究センター研究開発部副部長
（令和３年４月１日から）
清水　正樹　　　　　国立教育政策研究所教育課程研究センター研究開発部副部長
（令和３年３月31日まで）
新井　敬二　　　　　国立教育政策研究所教育課程研究センター研究開発部研究開発課長
（令和３年４月１日から令和３年７月31日まで）
岩城由紀子　　　　　国立教育政策研究所教育課程研究センター研究開発部研究開発課長
（令和３年３月31日まで）
間宮　弘介　　　　　国立教育政策研究所教育課程研究センター研究開発部研究開発課指導係長

奥田　正幸　　　　　国立教育政策研究所教育課程研究センター研究開発部研究開発課指導係専門職
（令和３年３月31日まで）
髙辻　正明　　　　　国立教育政策研究所教育課程研究センター研究開発部教育課程特別調査員

前山　大樹　　　　　国立教育政策研究所教育課程研究センター研究開発部教育課程特別調査員
（令和３年４月１日から）

学習指導要領等関係資料について

　学習指導要領等の関係資料は以下のとおりです。いずれも，文部科学省や国立教育政策研究所のウェブサイトから閲覧が可能です。スマートフォンなどで閲覧する際は，以下の二次元コードを読み取って，資料に直接アクセスすることが可能です。本書と併せて是非御覧ください。

① 学習指導要領，学習指導要領解説　等
② 中央教育審議会答申「幼稚園，小学校，中学校，高等学校及び特別支援学校の学習指導要領等の改善及び必要な方策等について」（平成28年12月21日）
③ 中央教育審議会初等中等教育分科会教育課程部会報告「児童生徒の学習評価の在り方について」（平成31年1月21日）
④ 小学校，中学校，高等学校及び特別支援学校等における児童生徒の学習評価及び指導要録の改善等について（平成31年3月29日30文科初第1845号初等中等教育局長通知）
　　　　　　　　　　※各教科等の評価の観点等及びその趣旨や指導要録（参考様式）は，同通知に掲載。
⑤ 学習評価の在り方ハンドブック（小・中学校編）（令和元年6月）
⑥ 学習評価の在り方ハンドブック（高等学校編）（令和元年6月）
⑦ 平成29年改訂の小・中学校学習指導要領に関するQ&A
⑧ 平成30年改訂の高等学校学習指導要領に関するQ&A
⑨ 平成29・30年改訂の学習指導要領下における学習評価に関するQ&A

巻末資料

①　②　③
④　⑤　⑥
⑦　⑧　⑨

学習評価の在り方ハンドブック

高等学校編

文部科学省　国立教育政策研究所教育課程研究センター

学習指導要領

学習指導要領とは，国が定めた「教育課程の基準」です。

（学校教育法施行規則第52条，74条,84条及び129条等より）

■学習指導要領の構成
〈高等学校の例〉

前文　第1章　総則
　　　第2章　各学科に共通する各教科
　　　　第1節　国語
　　　　第2節　地理歴史
　　　　第3節　公民
　　　　第4節　数学
　　　　第5節　理科
　　　　第6節　保健体育
　　　　第7節　芸術
　　　　第8節　外国語
　　　　第9節　家庭
　　　　第10節　情報
　　　　第11節　理数
　　　第3章　主として専門学科において
　　　　　　　開設される各教科
　　　　第1節　農業
　　　　第2節　工業
　　　　第3節　商業
　　　　第4節　水産
　　　　第5節　家庭
　　　　第6節　看護
　　　　第7節　情報
　　　　第8節　福祉
　　　　第9節　理数
　　　　第10節　体育
　　　　第11節　音楽
　　　　第12節　美術
　　　　第13節　英語
　　　第4章　総合的な探究の時間
　　　第5章　特別活動

総則は，以下の項目で整理され，全ての教科等に共通する事項が記載されています。
- 第1款　高等学校教育の基本と教育課程の役割
- 第2款　教育課程の編成
- 第3款　教育課程の実施と学習評価
- 第4款　単位の修得及び卒業の認定
- 第5款　生徒の発達の支援
- 第6款　学校運営上の留意事項
- 第7款　道徳教育に関する配慮事項

> 学習評価の実施に当たっての配慮事項

各教科等の目標，内容等が記載されています。

（例）第1節　国語
- 第1款　目標
- 第2款　各科目
- 第3款　各科目にわたる指導計画の作成と内容の取扱い

　平成30年改訂学習指導要領の各教科等の目標や内容は，教育課程全体を通して育成を目指す資質・能力の三つの柱に基づいて再整理されています。

ア　何を理解しているか，何ができるか
　　（生きて働く「知識・技能」の習得）
　　※職業に関する教科については，「知識・技術」

イ　理解していること・できることをどう使うか（未知の状況にも対応できる「思考力・判断力・表現力等」の育成）

ウ　どのように社会・世界と関わり，よりよい人生を送るか
　　（学びを人生や社会に生かそうとする「学びに向かう力・人間性等」の涵養）

平成30年改訂「高等学校学習指導要領」より

詳しくは，文部科学省Webページ「学習指導要領のくわしい内容」をご覧ください。
(http://www.mext.go.jp/a_menu/shotou/new-cs/1383986.htm)

学習指導要領解説

　学習指導要領解説とは，大綱的な基準である学習指導要領の記述の意味や解釈などの詳細について説明するために，文部科学省が作成したものです。

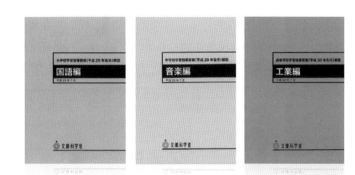

■学習指導要領解説の構成
〈高等学校 国語編の例〉

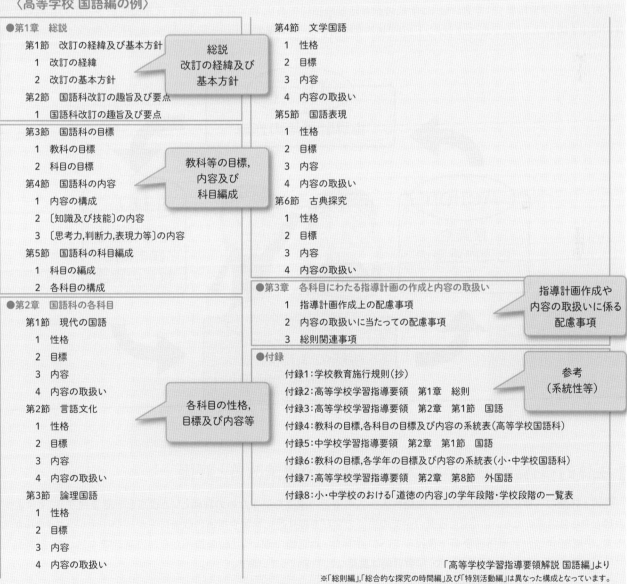

●第1章　総説

第1節　改訂の経緯及び基本方針
1　改訂の経緯
2　改訂の基本方針

> 総説
> 改訂の経緯及び
> 基本方針

第2節　国語科改訂の趣旨及び要点
1　国語科改訂の趣旨及び要点

第3節　国語科の目標
1　教科の目標
2　科目の目標

> 教科等の目標,
> 内容及び
> 科目編成

第4節　国語科の内容
1　内容の構成
2　〔知識及び技能〕の内容
3　〔思考力,判断力,表現力等〕の内容

第5節　国語科の科目編成
1　科目の編成
2　各科目の構成

●第2章　国語科の各科目

第1節　現代の国語
1　性格
2　目標
3　内容
4　内容の取扱い

第2節　言語文化
1　性格
2　目標
3　内容
4　内容の取扱い

> 各科目の性格,
> 目標及び内容等

第3節　論理国語
1　性格
2　目標
3　内容
4　内容の取扱い

第4節　文学国語
1　性格
2　目標
3　内容
4　内容の取扱い

第5節　国語表現
1　性格
2　目標
3　内容
4　内容の取扱い

第6節　古典探究
1　性格
2　目標
3　内容
4　内容の取扱い

●第3章　各科目にわたる指導計画の作成と内容の取扱い
1　指導計画作成上の配慮事項
2　内容の取扱いに当たっての配慮事項
3　総則関連事項

> 指導計画作成や
> 内容の取扱いに係る
> 配慮事項

●付録
付録1：学校教育施行規則（抄）
付録2：高等学校学習指導要領　第1章　総則
付録3：高等学校学習指導要領　第2章　第1節　国語
付録4：教科の目標,各科目の目標及び内容の系統表（高等学校国語科）
付録5：中学校学習指導要領　第2章　第1節　国語
付録6：教科の目標,各学年の目標及び内容の系統表（小・中学校国語科）
付録7：高等学校学習指導要領　第2章　第8節　外国語
付録8：小・中学校のおける「道徳の内容」の学年段階・学校段階の一覧表

> 参考
> （系統性等）

「高等学校学習指導要領解説 国語編」より
※「総則編」,「総合的な探究の時間編」及び「特別活動編」は異なった構成となっています。

> 教師は,学習指導要領で定めた資質・能力が,生徒に確実に育成されているかを評価します

学習評価の基本的な考え方

　学習評価は,学校における教育活動に関し,生徒の学習状況を評価するものです。「生徒にどういった力が身に付いたか」という学習の成果を的確に捉え,**教師が指導の改善を図る**とともに,**生徒自身が自らの学習を振り返って次の学習に向かうことができるようにする**ためにも,学習評価の在り方は重要であり,教育課程や学習・指導方法の改善と一貫性のある取組を進めることが求められます。

カリキュラム・マネジメントの一環としての指導と評価

　各学校は,日々の授業の下で生徒の学習状況を評価し,その結果を生徒の学習や教師による指導の改善や学校全体としての教育課程の改善,校務分掌を含めた組織運営等の改善に生かす中で,学校全体として組織的かつ計画的に教育活動の質の向上を図っています。

　このように,「学習指導」と「学習評価」は学校の教育活動の根幹であり,教育課程に基づいて組織的かつ計画的に教育活動の質の向上を図る「カリキュラム・マネジメント」の中核的な役割を担っています。

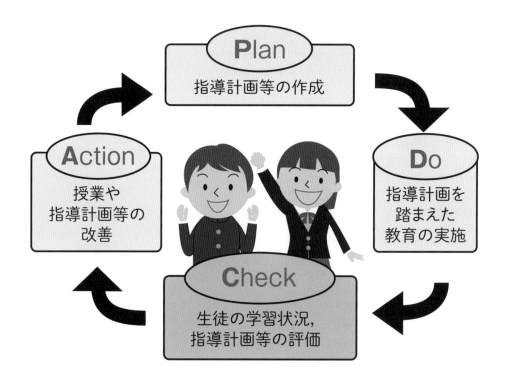

主体的・対話的で深い学びの視点からの授業改善と評価

　指導と評価の一体化を図るためには,生徒一人一人の学習の成立を促すための評価という視点を一層重視することによって,教師が自らの指導のねらいに応じて授業の中での生徒の学びを振り返り,学習や指導の改善に生かしていくというサイクルが大切です。平成30年改訂学習指導要領で重視している「主体的・対話的で深い学び」の視点からの授業改善を通して,各教科等における資質・能力を確実に育成する上で,学習評価は重要な役割を担っています。

- ☑ 教師の指導改善に
  つながるものにしていくこと

- ☑ 生徒の学習改善に
  つながるものにしていくこと

- ☑ これまで慣行として行われてきたことでも，
  必要性・妥当性が認められないものは
  見直していくこと

次の授業では〇〇を重点的に指導しよう。

〇〇のところはもっと〜した方がよいですね。

詳しくは，平成31年3月29日文部科学省初等中等教育局長通知「小学校，中学校，高等学校及び特別支援学校等における児童生徒の学習評価及び指導要録の改善等について（通知）」をご覧ください。
(http://www.mext.go.jp/b_menu/hakusho/nc/1415169.htm)

コラム　　評価に戸惑う生徒の声

「先生によって観点の重みが違うんです。授業態度をとても重視する先生もいるし，テストだけで判断するという先生もいます。そうすると，どう努力していけばよいのか本当に分かりにくいんです。」（中央教育審議会初等中等教育分科会教育課程部会 児童生徒の学習評価に関するワーキンググループ第7回における高等学校3年生の意見より）

あくまでこれは一部の意見ですが，学習評価に対する生徒のこうした意見には，適切な評価を求める切実な思いが込められています。そのような生徒の声に応えるためにも，教師は，生徒への学習状況のフィードバックや，授業改善に生かすという評価の機能を一層充実させる必要があります。教師と生徒が共に納得する学習評価を行うためには，評価規準を適切に設定し，評価の規準や方法について，教師と生徒及び保護者で共通理解を図るガイダンス的な機能と，生徒の自己評価と教師の評価を結び付けていくカウンセリング的な機能を充実させていくことが重要です。

Column

学習評価の基本構造

　平成30年改訂で, 学習指導要領の目標及び内容が資質・能力の三つの柱で再整理されたことを踏まえ, 各教科における観点別学習状況の評価の観点については,「知識・技能」,「思考・判断・表現」,「主体的に学習に取り組む態度」の3観点に整理されています。

「学びに向かう力, 人間性等」には
①「主体的に学習に取り組む態度」として観点別評価(学習状況を分析的に捉える)を通じて見取ることができる部分と,
②観点別評価や評定にはなじまず, こうした評価では示しきれないことから個人内評価を通じて見取る部分があります。

学習評価の基本構造

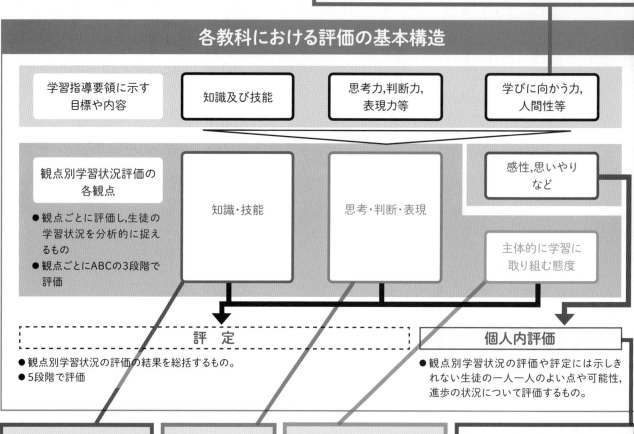

各教科における評価の基本構造

| 学習指導要領に示す目標や内容 | 知識及び技能 | 思考力,判断力,表現力等 | 学びに向かう力,人間性等 |

観点別学習状況評価の各観点
- 観点ごとに評価し,生徒の学習状況を分析的に捉えるもの
- 観点ごとにABCの3段階で評価

- 知識・技能
- 思考・判断・表現
- 感性,思いやり など
- 主体的に学習に取り組む態度

評定
- 観点別学習状況の評価の結果を総括するもの。
- 5段階で評価

個人内評価
- 観点別学習状況の評価や評定には示しきれない生徒の一人一人のよい点や可能性,進歩の状況について評価するもの。

各教科等における学習の過程を通した知識及び技能の習得状況について評価を行うとともに,それらを既有の知識及び技能と関連付けたり活用したりする中で,他の学習や生活の場面でも活用できる程度に概念等を理解したり,技能を習得したりしているかを評価します。	各教科等の知識及び技能を活用して課題を解決する等のために必要な思考力,判断力,表現力等を身に付けているかどうかを評価します。	知識及び技能を獲得したり,思考力,判断力,表現力等を身に付けたりするために,自らの学習状況を把握し,学習の進め方について試行錯誤するなど自らの学習を調整しながら,学ぼうとしているかどうかという意思的な側面を評価します。	個人内評価の対象となるものについては,生徒が学習したことの意義や価値を実感できるよう,日々の教育活動等の中で生徒に伝えることが重要です。特に,「学びに向かう力,人間性等」のうち「感性や思いやり」など生徒一人一人のよい点や可能性,進歩の状況などを積極的に評価し生徒に伝えることが重要です。

　詳しくは, 平成31年1月21日文部科学省中央教育審議会初等中等教育分科会教育課程部会「児童生徒の学習評価の在り方について (報告)」をご覧ください。
(http://www.mext.go.jp/b_menu/shingi/chukyo/chukyo3/004/gaiyou/1412933.htm)

総合的な探究の時間及び特別活動の評価について

総合的な探究の時間, 特別活動についても, 学習指導要領等で示したそれぞれの目標や特質に応じ, 適切に評価します。

総合的な探究の時間

総合的な探究の時間の評価の観点については, 学習指導要領に示す「第1目標」を踏まえ, 各学校において具体的に定めた目標, 内容に基づいて, 以下を参考に定めることとしています。

知識・技能	思考・判断・表現	主体的に学習に取り組む態度
探究の過程において, 課題の発見と解決に必要な知識及び技能を身に付け, 課題に関わる概念を形成し, 探究の意義や価値を理解している。	実社会や実生活と自己との関わりから問いを見いだし, 自分で課題を立て, 情報を集め, 整理・分析して, まとめ・表現している。	探究に主体的・協働的に取り組もうとしているとともに, 互いのよさを生かしながら, 新たな価値を創造し, よりよい社会を実現しようとしている。

この3つの観点に則して生徒の学習状況を見取ります。

特別活動

従前, 高等学校等における特別活動において行った生徒の活動の状況については, 主な事実及び所見を文章で記述することとされてきたところ, 文章記述を改め, 各学校が設定した観点を記入した上で, 活動・学校行事ごとに, 評価の観点に照らして十分満足できる活動の状況にあると判断される場合に, ○印を記入することとしています。

評価の観点については, 特別活動の特質と学校の創意工夫を生かすということから, 設置者ではなく, 各学校が評価の観点を定めることとしています。その際, 学習指導要領等に示す特別活動の目標や学校として重点化した内容を踏まえ, 例えば以下のように, 具体的に観点を示すことが考えられます。

特別活動の記録						
内容	観点 学年		1	2	3	4
ホームルーム活動	よりよい生活や社会を構築するための知識・技能		○		○	
生徒会活動	集団や社会の形成者としての思考・判断・表現			○		
	主体的に生活や社会, 人間関係をよりよく構築しようとする態度					
学校行事				○	○	

高等学校生徒指導要録(参考様式)様式2の記入例　（3年生の例）

各学校で定めた観点を記入した上で, 内容ごとに, 十分満足できる状況にあると判断される場合に, ○印を記入します。
○印をつけた具体的な活動の状況等については, 「総合所見及び指導上参考となる諸事項」の欄に簡潔に記述することで, 評価の根拠を記録に残すことができます。

なお, 特別活動は, ホームルーム担任以外の教師が指導することも多いことから, 評価体制を確立し, 共通理解を図って, 生徒のよさや可能性を多面的・総合的に評価するとともに, 指導の改善に生かすことが求められます。

観点別学習状況の評価について

　観点別学習状況の評価とは, 学習指導要領に示す目標に照らして, その実現状況がどのようなものであるかを, 観点ごとに評価し, 生徒の学習状況を分析的に捉えるものです。

▌「知識・技能」の評価の方法

　　「知識・技能」の評価の考え方は, 従前の評価の観点である「知識・理解」,「技能」においても重視してきたところです。具体的な評価方法としては, 例えばペーパーテストにおいて, 事実的な知識の習得を問う問題と, 知識の概念的な理解を問う問題とのバランスに配慮するなどの工夫改善を図る等が考えられます。また, 生徒が文章による説明をしたり, 各教科等の内容の特質に応じて, 観察・実験をしたり, 式やグラフで表現したりするなど実際に知識や技能を用いる場面を設けるなど, 多様な方法を適切に取り入れていくこと等も考えられます。

▌「思考・判断・表現」の評価の方法

　　「思考・判断・表現」の評価の考え方は, 従前の評価の観点である「思考・判断・表現」においても重視してきたところです。具体的な評価方法としては, ペーパーテストのみならず, 論述やレポートの作成, 発表, グループでの話合い, 作品の制作や表現等の多様な活動を取り入れたり, それらを集めたポートフォリオを活用したりするなど評価方法を工夫することが考えられます。

▌「主体的に学習に取り組む態度」の評価の方法

　　具体的な評価方法としては, ノートやレポート等における記述, 授業中の発言, 教師による行動観察や, 生徒による自己評価や相互評価等の状況を教師が評価を行う際に考慮する材料の一つとして用いることなどが考えられます。その際, 各教科等の特質に応じて, 生徒の発達の段階や一人一人の個性を十分に考慮しながら,「知識・技能」や「思考・判断・表現」の観点の状況を踏まえた上で, 評価を行う必要があります。

「主体的に学習に取り組む態度」の評価のイメージ

○「主体的に学習に取り組む態度」の評価については、①知識及び技能を獲得したり、思考力、判断力、表現力等を身に付けたりすることに向けた粘り強い取組を行おうとする側面と、②①の粘り強い取組を行う中で、自らの学習を調整しようとする側面、という二つの側面から評価することが求められる。

○これら①②の姿は実際の教科等の学びの中では別々ではなく相互に関わり合いながら立ち現れるものと考えられる。例えば、自らの学習を全く調整しようとせず粘り強く取り組み続ける姿や、粘り強さが全くない中で自らの学習を調整する姿は一般的ではない。

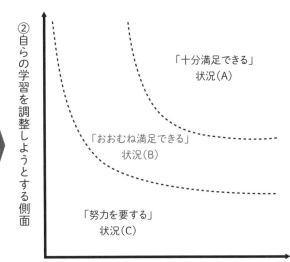

ここでの評価は、その学習の調整が「適切に行われるか」を必ずしも判断するものではなく、学習の調整が知識及び技能の習得などに結びついていない場合には、教師が学習の進め方を適切に指導することが求められます。

「自らの学習を調整しようとする側面」とは…

自らの学習状況を把握し、学習の進め方について試行錯誤するなどの意思的な側面のことです。評価に当たっては、生徒が自らの理解の状況を振り返ることができるような発問の工夫をしたり、自らの考えを記述したり話し合ったりする場面、他者との協働を通じて自らの考えを相対化する場面を、単元や題材などの内容のまとまりの中で設けたりするなど、「主体的・対話的で深い学び」の視点からの授業改善を図る中で、適切に評価できるようにしていくことが重要です。

コラム

「主体的に学習に取り組む態度」は、「関心・意欲・態度」と同じ趣旨ですが…
～こんなことで評価をしていませんでしたか？～

平成31年1月21日文部科学省中央教育審議会初等中等教育分科会教育課程部会「児童生徒の学習評価の在り方について（報告）」では、学習評価について指摘されている課題として、「関心・意欲・態度」の観点について「学校や教師の状況によっては、挙手の回数や毎時間ノートを取っているかなど、性格や行動面の傾向が一時的に表出された場面を捉える評価であるような誤解が払拭し切れていない」ということが指摘されました。これを受け、従来から重視されてきた各教科等の学習内容に関心をもつことのみならず、よりよく学ぼうとする意欲をもって学習に取り組む態度を評価するという趣旨が改めて強調されました。

Column

学習評価の充実

学習評価の妥当性, 信頼性を高める工夫の例

- 評価規準や評価方法について,事前に教師同士で検討するなどして明確にすること,評価に関する実践事例を蓄積し共有していくこと,評価結果についての検討を通じて評価に係る教師の力量の向上を図ることなど,学校として組織的かつ計画的に取り組む。
- 学校が生徒や保護者に対し,評価に関する仕組みについて事前に説明したり,評価結果についてより丁寧に説明したりするなど,評価に関する情報をより積極的に提供し生徒や保護者の理解を図る。

評価時期の工夫の例

- 日々の授業の中では生徒の学習状況を把握して指導に生かすことに重点を置きつつ,各教科における「知識・技能」及び「思考・判断・表現」の評価の記録については,原則として単元や題材などのまとまりごとに,それぞれの実現状況が把握できる段階で評価を行う。
- 学習指導要領に定められた各教科等の目標や内容の特質に照らして,複数の単元や題材などにわたって長期的な視点で評価することを可能とする。

学年や学校間の円滑な接続を図る工夫の例

- 「キャリア・パスポート」を活用し,生徒の学びをつなげることができるようにする。
- 入学者選抜の方針や選抜方法の組合せ,調査書の利用方法,学力検査の内容等について見直しを図る。
- 大学入学者選抜において用いられる調査書を見直す際には,観点別学習状況の評価について記載する。
- 大学入学者選抜については,高等学校における指導の在り方の本質的な改善を促し,また,大学教育の質的転換を大きく加速し,高等学校教育・大学教育を通じた改革の好循環をもたらすものとなるような改革を進めることが考えられる。

評価方法の工夫の例

高校生のための学びの基礎診断の認定ツールを活用した例

　高校生のための学びの基礎診断とは,高校段階における生徒の基礎学力の定着度合いを測定する民間の試験等を文部科学省が一定の要件に適合するものとして認定する仕組みで,平成30年度から制度がスタートしています。学習指導要領を踏まえた出題の基本方針に基づく問題設計や,主として思考力・判断力・表現力等を問う問題の出題等が認定基準となっています。受検結果等から,生徒の課題等を把握し,自らの指導や評価の改善につなげることも考えられます。

　詳しくは,文部科学省Webページ「高校生のための学びの基礎診断」をご覧ください。
(http://www.mext.go.jp/a_menu/shotou/kaikaku/1393878.htm)

 コラム

評価の方法の共有で働き方改革

　ペーパーテスト等のみにとらわれず,一人一人の学びに着目して評価をすることは,教師の負担が増えることのように感じられるかもしれません。しかし,生徒の学習評価は教育活動の根幹であり,「カリキュラム・マネジメント」の中核的な役割を担っています。その際,助けとなるのは,教師間の協働と共有です。

　評価の方法やそのためのツールについての悩みを一人で抱えることなく,学校全体や他校との連携の中で,計画や評価ツールの作成を分担するなど,これまで以上に協働と共有を進めれば,教師一人当たりの量的・時間的・精神的な負担の軽減につながります。風通しのよい評価体制を教師間で作っていくことで,評価方法の工夫改善と働き方改革にもつながります。

「指導と評価の一体化の取組状況」

A:学習評価を通じて,学習評価のあり方を見直すことや個に応じた指導の充実を図るなど,指導と評価の一体化に学校全体で取り組んでいる。

B:指導と評価の一体化の取組は,教師個人に任されている。

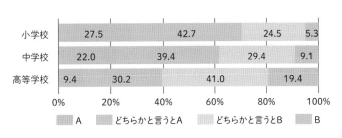

（平成29年度文部科学省委託調査「学習指導と学習評価に対する意識調査」より）

Column

Q & A －先生方の質問にお答えします－

Q1 1回の授業で, 3つの観点全てを評価しなければならないのですか。

A. 学習評価については, 日々の授業の中で生徒の学習状況を適宜把握して指導の改善に生かすことに重点を置くことが重要です。したがって観点別学習状況の評価の記録に用いる評価については, 毎回の授業ではなく原則として単元や題材などの内容や時間のまとまりごとに, それぞれの実現状況を把握できる段階で行うなど, その場面を精選することが重要です。

Q2 「十分満足できる」状況(A)はどのように判断したらよいのですか。

A. 各教科において「十分満足できる」状況(A)と判断するのは, 評価規準に照らし, 生徒が実現している学習の状況が質的な高まりや深まりをもっていると判断される場合です。「十分満足できる」状況(A)と判断できる生徒の姿は多様に想定されるので, 学年会や教科部会等で情報を共有することが重要です。

Q3 高等学校における観点別評価の在り方で、留意すべきことは何ですか?

A. これまでも, 高等学校における学習評価では, 生徒一人一人に対して観点別評価と生徒へのフィードバックが行われてきましたが, 指導要録の参考様式に観点別学習状況の記載欄がなかったこともあり, 指導要録に観点別学習状況を記録している高等学校は13.3%にとどまっていました(平成29年度文部科学省委託調査「学習指導と学習評価に対する意識調査」より)。平成31年3月29日文部科学省初等中等教育局長通知「小学校,中学校,高等学校及び特別支援学校等における児童生徒の学習評価及び指導要録の改善等について(通知)」における観点別学習状況の評価に係る説明が充実したことと指導要録の参考様式に記載欄が設けられたことを踏まえ, 高等学校では観点別学習状況の評価を更に充実し, その質を高めることが求められます。

Q4 評定以外の学習評価についても保護者の理解を得るにはどのようにすればよいのでしょうか。

A. 保護者説明会等において, 学習評価に関する説明を行うことが効果的です。各教科等における成果や課題を明らかにする「観点別学習状況の評価」と, 教育課程全体を見渡した学習状況を把握することが可能な「評定」について, それぞれの利点や, 上級学校への入学者選抜に係る調査書のねらいや活用状況を明らかにすることは, 保護者との共通理解の下で生徒への指導を行っていくことにつながります。

Q5 障害のある生徒の学習評価について、どのようなことに配慮すべきですか。

A. 学習評価に関する基本的な考え方は, 障害のある生徒の学習評価についても変わるものではありません。このため, 障害のある生徒については, 特別支援学校等の助言または援助を活用しつつ, 個々の生徒の障害の状態等に応じた指導内容や指導方法の工夫を行い, その評価を適切に行うことが必要です。また,指導要録の通級による指導に関して記載すべき事項が個別の指導計画に記載されている場合には, その写しをもって指導要録への記入に替えることも可能としました。

文部科学省
国立教育政策研究所
National Institute for Educational Policy Research
NIER

令和元年6月
文部科学省　国立教育政策研究所教育課程研究センター
〒100-8951 東京都千代田区霞が関3丁目2番2号　TEL 03-6733-6833(代表)

「指導と評価の一体化」のための
学習評価に関する参考資料
【高等学校　数学】

令和3年11月12日　　　初版発行
令和4年3月14日　　　　2版発行

著作権所有　　　　　　国立教育政策研究所
　　　　　　　　　　　教育課程研究センター

発　行　者　　　　　　東京都文京区本駒込5丁目16番7号
　　　　　　　　　　　株式会社　東洋館出版社
　　　　　　　　　　　代表者　錦織　圭之介

印　刷　者　　　　　　大阪市住之江区中加賀屋4丁目2番10号
　　　　　　　　　　　岩岡印刷株式会社

発　行　所　　　　　　東京都文京区本駒込5丁目16番7号
　　　　　　　　　　　株式会社　東洋館出版社
　　　　　　　　　　　電話　　03-3823-9206

ISBN978-4-491-04703-4　　　　定価：本体1,500円
　　　　　　　　　　　　　　　　（税込1,650円）税10%